岩　波　現　代　文　庫

子どもの本の森へ

河合隼雄
Hayao Kawai
長田　弘
Hiroshi Osada

文芸 364

岩波書店

まえがき

子どもの本の世界をこころに思いえがくとき、かならず思いおよぶ大好きな歌がある。心の耳を澄ませば、子どもの本の森の奥から、きっと聴こえてくるだろう歌である。

きみは庭をもっていたんだ
そしてそれは魔法の庭で
庭には一本の木があって
それは魔法の木だったんだ

その木にはいくつも枝があった
それがみんな魔法の枝で
枝には小枝がついていた

それがまた魔法の小枝なんだ
小枝には葉っぱがついていた
それが魔法の葉っぱでね
葉群れの中には一つの巣があった
それは魔法の鳥の巣でね
巣の中には卵があったけれど
それが魔法の卵だったんだ

その卵から小鳥が生まれた
それは魔法の小鳥でね
鳥にはもちろん羽があった
そしてそれは魔法の羽でね
その羽でベッドをつくると
それは魔法のベッドだったんだ

ベッドの前にはテーブルがある

それが魔法のテーブルでさ
上には一冊の本がのっていた
そしてそれは魔法の本でね
本の中には書かれていたんだ——

＊

この、何ともいえないような親しい感情を手わたされる歌は、古くからドイツに伝わる子どもの歌をあつめた『少年の魔法の笛』という有名な民謡集の一篇で、「魔法の庭」(山室静訳)という歌である。ただし、ここでは、この「魔法の庭」のもちぬしを「きみ」にあらため、とくに最後の一行は「きみ」がじぶんで自由に書き入れられるよう、意図して空けている。

もともとの歌には、もちろん最後の一行はちゃんと書かれているのだが、この歌の最後の一行は、この歌を読んで、それぞれが自由に書き入れるほうがずっと、歌の親しみにかなっていると、わたしには思われる。——「きみ」だったら、この「魔法の庭」という歌の最後の一行に、どんなふうに、どんな言葉を書き入れるだろうか。

河合隼雄さんだったら(河合さんは今日、「魔法の本」の、誰よりもすばらしい読み手である）、この「魔法の庭」という歌の最後の一行に、どんなふうに、どんな言葉を書き入れるだろうか。また、わたしだったら、この「魔法の庭」という歌の最後の一行に、どんなふうに、どんな言葉を書き入れるだろうか。河合さんも、わたしも、たぶんまったくおなじ、そこから始まる一行を書き入れるだろう。

……それは魔法の本でね
本の中には書かれていたんだ――
ようこそ、子どもの本の森へ

子どもの本の森の奥へ、奥へ、そうして河合さんとわたしは、二人で入りこんでしまったのである。

長田　弘

目　次

I　子どもの本のメッセージ

苦しむ少女と『オズの魔法使い』

河合　ぼくが子どもの本が好きなのは、人間の心の働きの深いところを見つめるという自分の仕事から考えてみると、人間の心の働きを、すごくすっぱりと書いている魅力ですね。

長田　子どもの本の物語は、原型的ですよね。具体を語って、原型をぱっと目のまえに差しだす。

河合　ええ。ものすごくパワーをもっているのです。

長田　フィリパ・ピアスの書く本なんか、子どもが読んでも大人が読んでもほんとうにおもしろい。

河合　ぼくもピアスは、ほんとにどの本も好きですね。『トムは真夜中の庭で』[1]。人に薦めて、誰からもすごく感謝された。『幽霊を見た10の話』[2]という本は、死んだ人

（1）『トムは真夜中の庭で』フィリパ・ピアス作、高杉一郎訳、岩波書店（↓53頁）

（2）『幽霊を見た10の話』フィリパ・ピアス作、高杉一郎訳、岩波書店（↓53頁）

の思いがあったりするような、ちょっと不思議な物語なんですが、教科書に載せたら、子どもたちが「ものすごくおもしろかった」ってよろこびましたね。

長田　心にまっすぐに入ってくるんです。『まぼろしの小さい犬』(3)、それと『ハヤ号セイ川をいく』(4)。物語の舞台になるイギリスのイーリーの大聖堂なんか、いまでも心にとても親しい場所として、くっきりと焼きついている。

河合　子どもの本にはたいへんな力があるんですよ。この間アメリカへ行きました。アメリカはいま、性的虐待がすごいんです。父親とかおじいさんなんかが娘に関係したり、いたずらしたりする。彼女は青年期になっても、深い傷を負っているので、ボーイフレンドなんかできない。そこから立ち直るために、箱庭療法で箱庭をつくってもらうんですが、それで彼女が治って、もう最後に、ものすごくきれいに治ったときに『オズの魔法使い』(5)を置くんです。

『オズの魔法使い』というのは、ぼくは気になりながら、ずっと読まずにいたんです。それで、帰って、早速読みました。やっぱりすごい感激ですね。彼女を苦しめたような、体が動かない、ハートもないという体験が、一九〇〇年にちゃんと書かれている。

ツンドクのなかに豊かなものがある

長田　子どもの本というのは「読まなきゃいけない」本というんじゃないんですね。そうじゃなくて「読みたい」とずっと心にのこっている本。

子どものときに読まなかった子どもの本が、記憶のなかにいっぱいのこってる。だけど、そうやって記憶のなかにツンドク(積ん読)だけで読まなかった子どもの本というのを、大人が自分のなかにどれだけ持っているかが、じつはその大人の器量を決めるんじゃないかなあ。

河合　そうそう。ぼくはそのツンドクの本のなかから『ノンちゃん雲に乗る』(6)をぽっと持って、北海道へ行くときに読んだ。飛行機の上で読んだから、すごく感じが出てねえ。札幌へ着いてからも、わくわくしていました。

---

(3)『**まぼろしの小さい犬**』フィリパ・ピアス作、猪熊葉子訳、岩波書店(↓53頁)

(4)『**ハヤ号セイ川をいく**』フィリパ・ピアス作、足沢良子訳、青い鳥文庫(講談社)(↓53頁)

(5)『**オズの魔法使い**』L・F・バウム作、松村達雄訳、青い鳥文庫(講談社)/渡辺茂男訳、福音館書店/佐藤高子訳、ハヤカワ文庫

(6)『**ノンちゃん雲に乗る**』石井桃子作、福音館書店/角川文庫

長田　ツンドクというのは、読まないというのとちがうんですね。何かの拍子に読める、そして夢中になるのがツンドクなんですね。アメリカでスティーヴンスンの『宝島』(7)が初版の絵をそのまま復元してすごく立派な本ででてるんです。それは祖父母から親たちにそして子どもたちにと手渡せる、それこそツンドクのための本として出たんです。それで、この本は、あなたの家のここに置いてくださいと、紙でつくった部屋の模型といっしょに、本屋で宣伝して、大当たりした。

河合　なるほど。だいたい百科事典なんかもそう。ツンドク本。

長田　本はほんとうは必要な家具でもある。ツンドクしてちゃんと時間をかけないとだめで、葡萄酒みたいに、ちゃんと寝かせておいてこそ、おいしく熟成するものですね。

河合　寝かせてなかったらだめです。

長田　いまはその寝かせ方が、本に足りないんじゃないかなあって思いますね。親が自分が読まなかった子どもの本をツンドクしてたくさんもっていたら、子どもはずいぶん楽しめるはずですよ。

河合　書棚に入れておくといいんですよ。子どもに「これ、読め」なんて言うとぜったい読まない。だけど「見てはいかん」と言えば、こっそり見に来て「案外おもろいやないか」(笑)。スーパー・マーケットなんか上手ですよ。いろいろ分けて置いてるけど、別に、レジのところにちょこちょこおもしろそうなものが置いてある。あんな風に、本も、家でも図書館でも、部屋の入り口なんかに、おもしろい本をさりげなく置いといたらいいですね。

長田　しなかったもの、しそこなったもの、つい忘れてそれっきりのもの、そういうもののなかには、じつは、自分で気づいてない豊かなものがいっぱいあるんだってことを、忘れたくないですね。たとえば図書館へ行けば、読んでない本、読まないだろう本が圧倒的なのが当たり前で、読んでない本、知らない本がいっぱいある図書館が、いい図書館。

河合　そのとおりですね。ぼくは「読みなさい」って言わないんです。「こんなん読まな損やで、こんなおもしろい本」と言うことにしてる。

長田　よくないのは、要約しろっていう読み方。その考え方が読書をつまんなくしちゃってると思うんですね。要約なんかしなくていい。それよりその本のどこか、好きなところを暗誦するほうがずっといいと思うのです。

---

(7)『**宝島**』　スティーヴンスン作、阿部知二訳、岩波文庫

河合　ほんとですね。それはいい話ですね。昔は漢文の素読があった。それを否定したでしょう。ところが漢文の素読を否定して、そこから暗誦そのものまで否定したのは間違ってます。むしろ「二行でもええ。何でもええから、あなたの好きなところを、音楽をつけてもええし、気持ちを込めて暗誦しなさい」と。そうして、自分の好きな暗誦の大会というやつをやったら、これは楽しいですよ。

子どもが薦める本がすごい

河合　子どもの本の場合は、大人の本と違って、子どもが親に推薦できるのです。「お父さんも読んだ方がいいよ」とかなんとか、子どもが言う。それで、実際、読んでみるとすごい。「わーっ」と言いたい本がおおいですよ。

長田　ぼくも子どもに読めって言われて読んだ本がすくなくないですね。とくに絵本はそうで、最初に薦められたのが、ロシア民話の『おだんごぱん』(8)。読んで忘れられない本になった。

河合　ぼくは、子どもの本は相当、子どもの推薦で読んでるんです。

長田　本を読む楽しみには、あの本はいいなって、読んで薦める楽しみが入っている。とりわけ子どもは読んだあとにその楽しみを持ってますねえ。大人はいまはどうかなあ。この本はいいなって子どもに薦められる、読んだあとに楽しみのある本を、大人はいまどれだけ持っているかなあって思うんですね。

河合　うんうん。

長田　たとえば、井伏鱒二というと、大人はもちろん『黒い雨』(9)をまっさきにあげる。でも、子どもの本で読んだものにとっては、『しびれ池のカモ』(10)という忘れられない本がある。化け方の下手な、いかに化けても紺がすりの模様が手に残るムジナが出てくる、おかしくてへんてこな話。

河合　ふーむ。

長田　いまはあんまりないけれども、かつては大人の作家たちがずいぶん心を傾けて子どもの本を書きましたね。

河合　そうです。それこそ、鈴木三重吉とか芥川龍之介とか、みんな書いた、必死になって。

---

(8)　**『おだんごぱん』**　せたていじ訳、わきたかず絵、福音館書店
(9)　**『黒い雨』**　井伏鱒二作、新潮文庫
(10)　**『山椒魚　しびれ池のカモ』**　井伏鱒二作、岩波少年文庫

長田　ぼくにとって印象深かったのは、佐藤春夫、あるいは豊島与志雄。
河合　昔、アルスの「日本児童文庫」というのがあって、そこに『影法師』というのが載っていた。
長田　それから宇野浩二。
河合　そうそう。
長田　子どもの本なんだけれども、大人の本でもあって、いま読みかえしても、やっぱり好きですね。

子どもは物との関係が結べる

河合　井伏鱒二といえば、それこそ「ドリトル先生[11]」の訳者ですよ。ぼくら、それで名前を知ったんです。
長田　「オシツオサレツ」。
河合　そうそう。あれは名訳ですなあ。『ドリトル先生航海記』はぼくは子どものころ読んで、むちゃくちゃ好きやったから、子どものために買ったんです。子どもたちも読んだら、みんな好きになって、買おうやないかと。
次に買ったのが『ドリトル先生と秘密の湖』。秘密いうたら、もうビッとくる。やっぱりもう完全にイメージが関係しているんです。結局全部買いました、順番にいろいろ買っていって。

長田　ストーリーだけじゃないんですよね。子どもの本は、でてくる名詞の一つ一つに全部意味があるし、場所に意味があるし、物の一つ一つにいっぱい意味がある。大人の本よりも意味がものすごくゆたかなんですね。

河合　ええ。

長田　大人の本だと、いちばんの関心事がどうしても人と人の関係みたいなことだけにいってしまいがちになるけれども、子どもの本はちがう。人に対する関係と同じように、動物に対する関係とか、川に対する関係とか、お月さまに対する関係とか、さまざまな物と深い関係が結べて、しかもそれはとても大切なんですね。

(11)『ドリトル先生物語全集(全12巻)』(1ドリトル先生アフリカゆき・2ドリトル先生航海記・3ドリトル先生の郵便局・4ドリトル先生のサーカス・5ドリトル先生の動物園・6ドリトル先生のキャラバン・7ドリトル先生と月からの使い・8ドリトル先生月へゆく・9ドリトル先生月から帰る・10ドリトル先生と秘密の湖・11ドリトル先生と緑のカナリア・12ドリトル先生の楽しい家)　ヒュー・ロフティング作・絵、井伏鱒二訳、岩波書店

河合　そうそう。『宝島』のスティーヴンスンに『自殺クラブ』(12)というのがあります。それも、アルスの「日本児童文庫」に『フロリゼル殿下の冒険』という題で載っていた。何ともいえん顔をしたさし絵があって、「緑色《みどりいろ》の鎧戸《よろひど》をおろした家《いへ》」という小見出しがすごくかっこええんで、ぼくの兄弟はみんな、印象に残っているんです。だけど、誰も話は覚えていないんです。

長田　ぼくにもそういう経験があって、ずっと前に、みすず書房からでた『赤い月と暑い時(13)』という物語の本があるんです。その本ですごく魅せられたのが主人公の名前。ミド・エ・ミドっていうんです。すごく鮮やかな印象をうけて、夢中になった。話は忘れても、その本からうけとったいろいろな関係が、心にはっきりといっぱい残るのが、子どもの本ですね。

見えないところに入れたら終わり

河合　エーリヒ・ケストナーの本なんか、みんな気がきいていると思えましたねえ、子ども心にも。いちばん昔に読んだ『点子ちゃんとアントン(14)』なんて、あの本の見出しやらはよう覚えています。「アンダハト嬢《じょう》、ほろよいきげん」。「でぶのベルタ、こいつ、んぼうを振《ふ》るう」。「警官《けいかん》、タンゴを踊《おど》る」。タンゴなんかでも、全然わからないんだけど、要するにかっこがいい。

長田　装丁、タイトル、さし絵、人物や物の名前、言葉のリズム、そういうもの全部が、子どもの本では意味をもってるんですよね。そうして喚起されるイメージから読んでゆく。ミヒャエル・エンデの『はてしない物語』(15)なんか本文が二色刷で、本としてとても魅惑的ですね。それを、電車のなかで、もしだれかが読んでいたら、あれ、何だろう、きれいな本だなときっと思う。

河合　子どもの本は、いろんなものが作用してくる。ですから、ともかく手に入れて、置いておくのがいいのです。

長田　着たい服を着たいというのと同じような感覚で。

河合　それで、並べて蔵《しま》っておいて、着たいときに着たらいいということですね。

長田　ツンドクできるのは、読みたいと思える本で、こっちによびかける力という

---

(12)『**自殺クラブ**』　スティーヴンソン作、河田智雄訳、福武文庫

(13)『**赤い月と暑い時**』　ヘルベルト・カウフマン作、大塚勇三訳、みすず書房

(14)『**点子ちゃんとアントン**』　エーリヒ・ケストナー作、高橋健二訳、岩波書店

(15)『**はてしない物語**』　ミヒャエル・エンデ作、上田真而子・佐藤真理子訳、岩波書店

(→50頁)

か、はげます力を感じさせるような本。しかし、いつも気になるんじゃないと、ツンドクにならない。

ですから、本があるということだけじゃだめで、ある建築家に聞いたんですが、狭い家しかつくれないけど、本をたくさん置きたいって注文をうけて、工夫して、ソファーなんかの下を全部本棚にした。で、たしかに本はたくさん蔵えるようになったんだけども、一年もたたないうちに苦情が来た。「本は、やっぱりふだんに見えてなくちゃだめだ」って。

河合　そうです。本は、見えないところに入れたら、もう終わりですね。

長田　ツンドクには、読みたいけど読んでないツンドクと、もう一つ読んでからのツンドクと二つあって、ツンドクは日常その本がそこに見えていて、その本のイメージがずーっと自分のなかに残ってゆくんですね。そういう意味でも、子どもの本というのは、とくにツンドクが大事なんじゃないでしょうか。

もっと大人が奪い返してもいい

長田　今日不思議なのは、子どもの本は子どもだけが読むみたいになっちゃってることです。『ロビンソン・クルーソー』(16)でも『ガリヴァー旅行記』(17)でも、もともと大人のための物語として書かれたものが、子どもたちによって子どもの本として、子どもの側に奪いとられてきた物語ですよね。

河合　そうそう。

長田　いまでも子どもたちはおもしろい本なら、大人の本をいつでも子どもの本として奪いとる力をもってると思う。『チボー家の人々』[18]のような物語でも、ちゃんと『チボー家のジャック』[19]という本があるみたいに。ですから、奪いとられるばっかりじゃなく、子どもたちに学んで、大人たちはもっと子どもの本を自分たちの側に奪い返してもいいんじゃないかなって思うんですね。

河合　それはいい言葉ですね。そこへゆくと、ル＝グウィンの『ゲド戦記』[20]は、だいぶ大人が取り返したのと違いますか。

---

(16)『**ロビンソン・クルーソー**』デフォー作、平井正穂訳、岩波文庫
(17)『**ガリヴァー旅行記**』スウィフト作、平井正穂訳、岩波文庫
(18)『**チボー家の人々**』(↓69頁)
(19)『**チボー家のジャック**』マルタン・デュ・ガール作、山内義雄訳、白水社
(20)『**ゲド戦記**(全4巻)』(1影との戦い・2こわれた腕環・3さいはての島へ・4帰還)アーシュラ・K・ル＝グウィン作、清水真砂子訳、岩波書店(後に全6巻↓67頁)

長田　ル＝グウィンのお母さんの書いた『イシ』[21]という本は、おもしろいんです。『イシ』は子どもの本と大人の本と、同じ書名で、書き方がまったく違う二つの本があるんです。『イシ』は、だから、大人の本でもある子どもの本でもあれば、子どもの本でもある大人の本でもある。どっちもすごくいい本ですが、ずっと子どもの本のほうがひろく読まれてきて、ここにきてやっと大人ががんばって、大人の本もあらためて読まれるようになった。

河合　エンデの『モモ』[22]なんかも、そうですね。大人が必死になってだいぶ取りもどした。

長田　子どもにとっても、大人にとっても原点なんですよね、子どもの本が。

(21)『**イシ――北米最後の野生インディアン**』　シオドーラ・クローバー著、行方昭夫訳、岩波現代文庫(↓70頁)
『**イシ――二つの世界に生きたインディアンの物語**』　シオドーラ・クローバー作、中野好夫・中村妙子訳、岩波書店(↓70頁)
(22)『**モモ**』　ミヒャエル・エンデ作、大島かおり訳、岩波書店(↓46頁)

Ⅱ　子どもの本を読む

1　赤毛のアン／若草物語

兄妹と孤児が家庭をつくっていく

河合　L・M・モンゴメリーの『赤毛のアン』(1)でまず思ったのは、発想の仕方とか物言いが、ぼくらのところに相談に来る人とすごく似ていることです。やっぱりみんなちょっと破格でしょう？　いま、子どもたちはみんな、潜在的には赤毛のアン的な要素を少しずつもってるけど、早く悪い教育を受けて、ふつうのよい子になってしまっています。

長田　二十世紀は教育の世紀であり、しかも、これだけ大学制度が充実して、みんなが進学していったにもかかわらず、だめになっていった教育の世紀だと思うんです。アンが体罰を受けて帰ってきて、二度と学校へ行く気はないと言ったとき、マリラは、

---

(1)『赤毛のアン』L・M・モンゴメリー作、村岡花子訳、新潮文庫／松本侑子訳、集英社

学校へ戻れとは言わなかった。あれは福音ですね。

河合　人間は自由を求めて生きてきたはずなんだけれども、昔にくらべてものすごく自由度を失っています。

長田　自由というのは、失敗する自由、間違う自由なんです。それがちゃんと入ってこないと、結局失敗すまい、間違いを犯すまいと思って何もしないという格好になります。

河合　そうですね。

長田　ぼくがうまく言っているなあと思ったのは、なぜ庭とか果樹園とか小川とか森がすばらしいかというとき、一つ一つのものではなくて全部で「大きな、なつかしい世界」をつくっているからだとアンが言うところです。もしかすると二十世紀はそれをずいぶん失ってきたのかもしれない。

河合　赤毛のアンがだんだん自分のよさをうまく出して成長していく上で大事なのは、マシュウとマリラの二人の組み合わせだと思います。マリラだけだったら、あの現実的なところでアンは吹き飛ばされるし、マシュウのように同情していくと、どこに境界があるかわからなくなって、共倒れしてしまう。

長田　これは通常の家庭じゃないんですね。お父さんがいて、お母さんがいて、子どもがいるというのでは全然ない。マシュウとマリラは兄妹で、そこに孤児がやってくるわけです。しかも描かれているのは家庭である。家庭は自明なものではなくて、コンビネーションでつくっていくものだということが、読んでいて非常に伝わってきます。

どんどん自分のことを言う女の子

河合　ふつうだったら、母と娘は血でつながってるからべたっとひっつくわけですが、マリラとアンはそうではなくて距離を置いている。マシュウは、血でつながらないんだけど、自分の感覚でわかるところがあってつながってる。そこにかえって理想の家族像みたいなものが出ている。

長田　それから、いろんな人がアンを受け入れるときに、あの子といるとおもしろい、愉快だということを基準にするんですよね。われわれは愉快じゃなくて不愉快という言葉ばかり使っている時代に生きています。たとえば日本の近代の小説を見ると、志賀直哉だろうが私小説だろうが、家庭を描くのはみんな不愉快な物語なんですよね。

河合　あっ、ほんと。それは大事なことですねえ。家庭不愉快物語ですね。それで、おやじは怒ってばっかりいる、陰に陽にね。

長田　これは一九〇八年にもとは発表されて、日本に初めて紹介されたのが一九五三年なんですね。日本の昭和の戦争の後の、新制教育世代の本として登場してきたんですね。

河合　そのころ、日本の女の子がもうどんどん自分のことを言葉で言うでしょう？　臆せずに。その点でも『赤毛のアン』はすごい魅力だったと思います。ふつう女の子は物を言ったらいけないわけです。どんなに言われても「はい、そうです」「すんませんでした」。ところが、アンはめったに「すンません」と言わない。そして、だいたい大人の想像力が貧困であるとか言って頑張ってるわけです。そんなこと、ぜったい言えなかったのに。それがしかも、だんだん通っていくわけですね。

長田　このやたら元気のいい女の子は年がら年じゅう夢を見ている。いまは夢を見ていると「ぼやぼやするな」って言われるようなところへ戻っていってるけど、想像力というのは、ぼやぼやしているところに出てくるみたいですね。

けんかができるきょうだい

長田　ルイザ・メイ・オールコットの『若草物語』[2]は、きょうだいだから血縁なんだけれども、同時にクラブをつくって、お互いに他人に扮するというところがおもしろいですね。

それに、父親が戦地に行っていて家にいないということがまず前提になっている。その次は、母親が看病のためにいなくなる。それから、長女が恋愛する。だから、家族から一人ずつ引き離されていく、引き算のドラマみたいなものですけれども、それがよく書かれています。時代は南北戦争で、昔流にいえば銃後の家庭の話なんです。

河合　そうです、そうです。

長田　アメリカは南北戦争で一つの国になっていくわけですが、この話はその内側にあったもう一つのアメリカを描いています。お互いに非常にルールをつくり合うでしょう？　それはほんとうに当時、アメリカの人たちが求め、いまもずっと求めていることをあらわしているような気がしますね。

河合　『赤毛のアン』もそうですが、わりあいかたい倫理観みたいなものがあります。隣の家とのつき合いにしても、物の言い方にしても、ぴちっとした線があって、そのなかですごく自由にやっている。

（2）**『若草物語』**　オールコット作、中山知子訳、青い鳥文庫（講談社）／恩地三保子訳、旺文社文庫

とくに二番目の女の子のジョーなんかはおてんばだから、おもしろいことが起こってくるんだけど、線があるからそれがかえって際立ってくる。いまの子どもはああいう線がなくなったような自由があって、しかも妙に不自由になっているから、何かたいへんだなあと思うんです。

長田　ジョーはかんしゃくを静めるためにひとりっきりになることを母親から教わるんですが、いまは最初に個室ができあがっちゃう。

河合　一体感みたいなものを保ちつつ散ったり寄ったりする家族というのはいいですね。

長田　彼らは喧嘩ができるんです。むしろできないほうが問題じゃないでしょうか。

河合　きょうだいっていうのは生の感情が出せて、それがぶつかって、ふつうだったらもう絶交になるようなことをいっぱいやってるんだけど、けっこう仲がいいものです。

長田　いまはとくにひとりっ子みたいになって、家庭のなかにきょうだいが失われてきていますが、『赤毛のアン』も『若草物語』も基本にあるのはそれなんですね。

2　エミールと探偵たち／名探偵カッレくん／ドラゴンをさがせ

子どもが大人を見事にやっつける

河合　ぼくらが子どものころの探偵物というのは何となく暗いイメージがあったんですよ。ところが、エーリヒ・ケストナーの『エミールと探偵たち』(3)は底抜けに楽しくなるでしょう。文章というか、全体がねえ。これがものすごい新鮮な感じがしました。

長田　大人の探偵物とそこが違いますね。子どもの本の探偵物は深刻ぶった現実をひっくり返す。

河合　だいたい、子どもというのは大人に怒られてばっかりなわけです。めったに

---

(3)『**エミールと探偵たち**』　エーリヒ・ケストナー作、小松太郎訳、岩波少年文庫（後に、『エーミールと探偵たち』池田香代子訳、岩波少年文庫）

褒めてもらえないでしょう？　ところがこれ、完全に子どもが大人をやっつけるんですね。しかも腕力じゃなくて、知恵でね。

とくに子どもが大人を観察して、リンドグレーンの『名探偵カッレくん』(4)では、ノートにまでつける。それがだんだん役に立ってくるわけですが、あれねえ、ぼくはもう絶対おもしろいと思うんですよ。ふつうは大人のほうが子どもを観察して、「あの子は横向いとった」とか何とか、全部ノートにつけてるんですから。

長田　E・L・カニグズバーグの『ドラゴンをさがせ』(5)になると、助手なんだけど主役であるような不思議なおばさんが出てきて、これはほかの人と全然身振り、話し方が違いますよね。こういう、みんながおんなじ身振りをもっているっていうのじゃない世界を見ていくのが、探偵というもののおもしろさ。

河合　ほんと、そうです。ちょっと匂いをかいでるわけです。それでやらなくちゃと思う。

長田　そこに疑問を感じて——疑問というほどの疑問じゃないんだけど、物事を観察する。それが実は空想力をはぐくむ。こういう物語を、小さいときに読んだ場合と読まない場合とでは、えらい違いがありますね。

チームを組む追っかけごっこ

長田　黒が白になり、白が黒になり、逆転がありという構造があるのも非常におもしろいですね。たとえば『エミールと探偵たち』の場合、追っかけてるのに、そして自分のほうが正しいのに、こそこそしなきゃいけない。そしてそれを変だ変だと思う。『名探偵カッレくん』もおんなじ。いわゆる勧善懲悪とちょっと違うんですよね。

河合　カニグズバーグになると手が込んでますね。ひょっとしたら自分は犯罪に関係してるかもわからない、探偵のほうがね。

長田　結末があるようでないんですよね。だから「起承転々」。しかしそれが現実なんだと。

河合　「転結」といかなくてね。わかりやすい、ストレートな物語にはちょっとときにくいというところがあるんでしょうね。そういう点でカニグズバーグというのはすごい人だなと思います。いまの子どもの悲劇を非常にうまく書いてる。探偵の話を使ってね。

（4）**『名探偵カッレくん』**　リンドグレーン作、尾崎義訳、岩波少年文庫
（5）**『ドラゴンをさがせ』**　E・L・カニグズバーグ作、小島希里訳、岩波少年文庫

長田　探偵ごっこの基本は追っかけごっこなんですね。何かを追っかける。なぞがあって、それを何とか明かそうとする。それから、大人の探偵小説と違って、この三つはチームを組むでしょう？

河合　そうそう。

長田　非常にゲーム的な要素をもっていて、だれでも参加できる。とくに『エミールと探偵たち』はグスターフという少年の警笛でがちゃがちゃ集まってきますからね。読んでいる人も参加できるような感じがする。

河合　すばらしい情景だと思います。ドロボウの周りにみんなウワーッと子どもが集まってきて、一緒に歩く。ドロボウはたまりかねて銀行に飛び込むんだけど、結局みんなに捕まってしまう。

長田　エミールは最初、ベルリンに孤独にあらわれても、たった一人の友達を見つけるだけで、これだけ世界がつくれる。子どもたちのネットワークがつくれる。

河合　『ドラゴンをさがせ』のアンディーくんは、子どもたちのなかから友達を見つけられないですね。つまり、ほかの子どもはみんな勉強をしたりスポーツをしたりしていて、主人公のアンディーくんは何となく変わりもんや、いうことになっている。それで、とうとうひょんな、年齢のいったおばさんを見つけてくる。ドラゴンに関係してくるといったら、彼女ぐらいしかいないわけです。

ばかなことが成功に結びつく

長田　ケストナーとリンドグレーンの物語では、男の子が喧嘩をするんですよね。『エミールと探偵たち』はボクシング、『名探偵カッレくん』がげんこつで。ところが、わたしたちの同時代の物語になる『ドラゴンをさがせ』には、喧嘩する相手がいない。わたしたちの社会の現状を見ると、いじめはあっても、確かに喧嘩はなくなっちゃったなあって思うんです。

河合　子どもたちだけのルールが非常にはっきりしているでしょう。『名探偵カッレくん』の場合でも、向こうの連中と殴り合いしたりしてるけど、親は干渉しないですよね。見にくるんだけど、ぱっと引き揚げる。「なあに、ちょっと、どうかと思ったんでな」とか言ってね。

長田　体がまだよく動いていますよ。駆けずり回ったり、馬に乗ったり、サーカスをやったりしてる。それで、『エミールと探偵たち』のなかで電話のそばでじいっと待っているのが非常に苦痛だけど、それをやりおおせたというチビの火曜日(ディーンスターク)くんが……

河合　最後に褒められますよね。

長田　いまは電話のそばにじーっと動かないでいる子どもしかいないんじゃないですか。

河合　あっはっは。ほんとですねえ。そりゃ、すごく動かなくなってると思います。

ぼくら、自分の子ども時代を思っても、みんな、泳ぎにいくといっても、川まで、てくてく、てくてく歩いてね。泳ぐためにそうとう歩いた。そして泳ぎ終わって、またずうっと歩いて帰ってきたわけですからね。

長田　この三つの、時代の違う子どもの本の探偵物に共通するのは、家の外の物語だということ。どれも家の外に探偵ごっこの物語はあるんですよね。みんな、家を一歩出るとなぞに満ちた世界がある。だから家のなかから飛びだしてゆく。探偵物というのは、子どもたちを社会のなかにつれだす物語ですね。なぞを追いかけて、外の世界を楽しむ。

大人と子どものいちばんの違いは、子どもは窓を乗り越えて出入りできる人間だというところにあるんじゃないかなあ。ぼくも子どものころにそういう経験があります。大人というのはもう窓を乗り越えなくなった人間なんですよ。

河合　そうですね。そして、それで失敗したときには大人は必ず言うでしょう？

「何でこんなばかなことをした」って。

でも、子どもの時分はわからんわけです。「入り口があるのに」とか言われたら、それはそうなんだけど、変な道を通ったりする。そして、それがみな、成功に結びついていくんですよね、非常にうまく。そこのところはもう、子どもにとってはすごい魅力じゃないですかねえ。

3　子どものための美しい国

悩みつつ改革を考える

河合　ヤヌシュ・コルチャックの『子どものための美しい国』(6)は分厚いけど、読みだすとやめられない。すばらしい本ですね。この作者は子どもに話をしていたんでしょうね。

長田　コルチャックという人は、もともとは医者ですね。若いときから保育園やサマーキャンプに積極的にかかわった。そして子どもたちに語りかけるということをし続けた人で、子どもたちが自由に生きられる共和国というのをずっと考えつづけるんですね。

河合　子どもに語っているという感じはすごくします。子どもが目を輝かすと「それだったらこれも」とつづけるので、なかなか終えられない。

長田　起承転結をもった大人の長編と、これはまったく違いますね。

河合　国王陛下は重態ですというところから始まるでしょう？　このへんがうまい。

いままでの体制はここで変わるわけですね。話を聞いている子どもたちは、もういままでどおりではないぞ、いったいどうなるのかと期待に胸をふくらませます。

長田　王様の家に生まれたから、子どもであっても王位を継げるというのはいかにも古い制度なんだけれども、そこのところを逆手にとって、子どもでも王様になれるんだというところから、物語がはじまるわけですね。

河合　古い制度があるから、子どもが王様になるんだけど、総理大臣以下はすべてについて古いままを守ろうとしている。それに対してこの子どもの王様は改革していこうとする。

ただ、そのときまったくのぶち壊しはできない。古いものとの接触のなかで、そのよさがわかったり、意味がわかったりしているでしょう？　子どもが大人になっていくためには、頭を打ちながら勉強していかねばならないことがあるわけです。

長田　社会の改革というのはどういうものかということを、子どもの王様は懸命に学んでいく。これは大人が読んでも学ぶところのものすごく多い物語ですね。

たとえば、改革の進めかたについて、本物の改革の宣言とにせの改革の宣言がでて

（6）『子どものための美しい国』ヤヌシュ・コルチャック作、中村妙子訳、晶文社

きます。そしてにせの宣言がまかり通るわけですが、いちばん大事だなと思うのは、その二つの宣言の違いを、この物語を読む人が、大人も含めて、果して見抜けるだろうかということ。

河合 にせのほうがマニフェストらしい。

長田 にせの改革は、さっそうとしているが、悩みがない。本物の改革のほうは、さっそうとしてないけれども、みんなと悩みを共にしながらの改革なんです。

兵隊ごっこが意味をもつ

長田 「今を生きる」という考え方がこの物語を際立たせていると思うんです。「未来に向かって耐え忍べ」と言ったら、大人になっちゃうんですよ、子どもは。

河合 そうそう。子どもは子どものために生きている。だから、子どもの国会をつくっているわけですが、それがまた、いかに難しいかということがちゃんと書いてあるのがすごいですね。

長田 子どもが王様になって最初に決心するのは、自分の国を自分の目で見ようということ。子どもの王様の国はそのとき戦争してるんです。ですから子どもの王様は、宮殿を抜けだして、普通の子どもとして兵隊になりすまして、戦争に行く。

河合　おもしろいのは、初めにその話が出てきて、後、なくなることです。子どものある時期には兵隊ごっこ、つまり、戦争とか勇気とかいうようなことが意味をもつ。

長田　兵隊ごっこでも、戦争だからだれもが死ぬんですが、ごっこですから生き返る。ところが、本当の戦場では、だれも生き返らないんだと、子どもの王様は知るわけです。

これだけむごたらしい戦争から始まる子どもの物語は珍しい。しかもそれが近代戦でしょう？　ふつうは、戦火に見舞われた悲惨な子どもたちという描き方をするんだけど、この物語は子どもの目から戦争はどう見えるかということを非常によく書いている。飢えに対する工夫、寒さに対する工夫、蚤に対する工夫、眠る工夫を学ぶ。塹壕を掘れと言われてうんざりするんだけど、じつはちゃんと掘らなければたいへんだ、とか。

河合　しかし、そこからついに戦争そのものはものすごくばかげているということに気づいていく。

長田　これは善、これは悪とぱっと決めつけてしまうのでなく、一つ一つの出来事を通して、それをどんなふうに感じとるか、読むものにとって、考えるヒントがものすごくいっぱい詰まっていますね。

自分の運命を予測していた作者

長田　本当のことを言うことができるのも言葉だけど、嘘を言うことのできるのも言葉なんだということが、この物語を通してなんども語られる。

友達もそうでしょう？　普通の子どもの物語だったら友達となって、まずぜったい裏切ったりしない。ところが、この物語ではいや、裏切るわ、けんかはするわ、離れるわ。ひとすじなわではいかない。

河合　すごいのは、そういうときに「こういう悪者がいました」という書き方を全然しないことです。

長田　善人も、百パーセントの善人ではないんですね。隣の国の、戦争に負けた悲しそうな顔の王様というのは、ずーっと子どもの王様の相談に乗ってくれるんだけど、いざとなったらぴたっと敵方についてしまう。

子どもの王様の本当の相談相手になるのは、けっして性急な考え方をしない、いつもゆっくり考えているけれども、悲しみというものを知ってしまっている侍医なんですね。悲しみが相手なんです。

河合　あの人たちはそうとう本当にわかって動いてくれているんだけど、それでめでたしめでたしとはいかない。作者は自分の運命を予測していたようなところがありますね。がんばってもなかなか甘くない。しかし、だからといって子どもの王様は自説を曲げるわけではない。

いや、ぼくはこれ、最後をどうもっていくのかなとすごく思ってたんですけど、こういうかたちにしたから、ちょっとうなりましたねえ。

長田　はっきり言ってしまうと、子どもの王様は完璧に負けるわけでしょう？

河合　そうです、ほんとに。

長田　いまの日本の考え方のように、次のいくつかの答えのなかから正しい答えを選べという風には、この物語は読むことができない。この物語は答えがないんです。

河合　ただし、ある意味でいうと、大人になっていくためには、いっぺん子どもの王様は死ななくちゃならない。そう言っているわけです。

長田　この物語の主人公である子どもの王様は、親がいて友達がいて幸せっていうのとは、まったく正反対のところにいますね。

河合　そう。みなしごですよ。

長田　実際に、この物語の作者が第二次世界大戦のなかでそうした孤児院の子どもたちと運命を共にしたことを考えると、みなしごとしての子どもたちをつくりだすような世界への深い問いかけが、この物語をひしひしとつらぬいている。これはぜったいに大人に読んでほしい子どもの本の一冊です。

4　ピーター・パンとウェンディ

今日に通じる傑作

河合　J・M・バリーの『ピーター・パンとウェンディ』[7]は傑作ですね。作者は子どもを意識して書いているんだけど、全然へりくだってない。直球を投げています。

長田　驚くことに、この物語は二十世紀の初めに書かれているにもかかわらず、ほとんど今日に通じる問題を出していることです。子どもたちがいなくなってから、お母さんが部屋でじっと待っている。これは日本でふつうに見られる光景です。

河合　お父さんは犬小屋に住むようになるんです(笑)。

長田　反省して自分から入ってしまう。会社に行くときも、犬小屋ごと辻馬車に乗る。

(7)『ピーター・パンとウェンディ』 J・M・バリー作、石井桃子訳、岩波文庫／福音館書店

河合　日本なんか、全部ウサギ小屋に住んでいる。これを予見して書かれていたかと思いました。このへんのイギリス人のユーモアは巧みですね。澄ました顔で書いたものに何とも言えぬ味がある。

長田　物語のなかに『宝島』とかいろいろな物語が引かれていて、子どもの話がリレーされている。これほど、映画から小説に至るまで、以後の芸術の源泉になった物語はないでしょうね。それまでの物語がみんないっぺんここに入って、またいろいろ分かれてきたという感じです。

あぶり出される無意識の世界

長田　この物語はお母さんというのが一つのキーポイントだと思う。「人は、お母さんがいなくても、けっこうやっていかれる」とか「お母さんなしにはやっていかれないというのは、ただお母さんのほうでそう思っているのだ」とか、思わずどきっとさせられます。

ネヴァーランドから帰ってきた子どもたちは、お母さんを手に入れた途端に、みんなただのありふれたサラリーマンになっちゃう。

河合　そうそう。

長田　子どもはお母さんは要らないというかたちで存在しているんですよ。「気のどくなお父さんお母さんのことなんか、これっぽっちも考えていなかった」。

この物語は、大人になる、あるいは大人になりたくない、大人になれない、ならないとはどういうことかを考えるために、父親や母親こそも手にとって読みたい本だ。読めば、ほとんど常識を覆されます。

河合　そして、子どもが読んでもそれなりにおもしろい。

長田　ピーターのすることはすべて逆です。泣くかわりに笑う。ひきょうな仕打ちをされても、じめじめ考えずに忘れちゃう。人にしてもらった親切は自分がやったことのように思う。

河合　あれは無意識の住人なんです。みんながこちら側で親切とか何とかかんとかいう普通の言葉でしゃべっているのを、窓の向こう側という全然違うアングルからずばっと見ている。

長田　この物語の作者は、年代からいっても、フロイトを読みユングを読んだという人じゃないと思う。だけれども、ひとの心の奥の同じところを見ている人ですね。

河合　文学者のほうが先行しているところはたくさんあります。自分の心のなかのものを書くわけですから。

長田　初めのほうに、子どもたちの心の地図というのが出てきます。お母さんが夜やる仕事は、そこを旅しながら、整理することである。ウェンディは、ピーターは自分くらいの大きさの少年であり、夜なかに子ども部屋に入ってきたということを、どうしてかはわからないけれども、ただ知っている――。あちこちに無意識の世界があぶり出されています。その点では空想の物語のように見えます。

けれども、帰ってきてからの、父親のいる世界を書くと、自然主義そのものという感じですね。おしまいの十数ページでダダダダッと時間が経過する。母親がいて、子どもがいて、その子どもが母親になって、また子ができてというふうに、あっという間に世代交代を繰り返す。ありふれた人間の世界が展開する。

河合　でも、ピーター・パンはずっと存在している。

長田　時間、場所のアンバランスがとてもうまく出ている。空想だけではない。現実だけではない。そのアンバランスがつくる世界のなかに、ピーター・パンがいる。

母を知らぬ少年の強さともろさ

長田　この物語は、だれでも知っている。けれども、意外にちゃんと読んでないんですね。だから、ピーター・パンは単純に大人になれなかった純真な少年というふうに思われてきてるけれども。

河合　全然違います。

長田　父親と母親がいない少年でもある。

河合　母親を知らないというところに、ピーターという存在の、ものすごい根っこがあります。

長田　だから、ウェンディは少女なのに母親になるためにネヴァーランドへ連れていかれる。これは大人になれなかった子どもの話であると同時に、母親とは何かという話でもあるわけです。

ピーターは窓をしめられた子どもです。お母さんに対する愛情がないというのはほかの子どもたちと同じですが、それだけではなく、お母さんの子どもに対する愛情も信頼できないと思っている。だから、終わりのほうで、子どもたちが帰ってきても家に入れないように、先に行って、窓をしめてしまいます。結局は涙ぐんでいるお母さんを見て、かんぬきを外して去っていくんですが……。

ピーターはこの自分の過去を隠しているんですが、一回だけ告白します。自分が外へいって、帰ってきて見たら、窓はしまって、かんぬきがかかっていた。お母さんはぼくのことをすっかり忘れていて、自分のベッドで違う少年が寝ていた。——

河合　ピーターというのはマザコンで、お母さん子で、お母さんとひっついているから大人になれないんだと思われがちですが、逆なんです。お母さんがいないから大人になれない。

長田　ピーターは突然こんなことも言っています。「死ぬことは、きっとすごい冒険だぞ」。あえて言うと、ピーターは死んだ子どもなんですね。そうであるがゆえに永遠である。

河合　作者は、表向き、波瀾万丈ではなかったにしても、内面的には深い人生の体験をもった人なんでしょうね。

ぼくはほんとうに感激したんですが、子どもは何につけても「お母ちゃん」と言うでしょう？　それで全部救われるというか、「お母ちゃん」のところへ行けばいいと思っている。

ところが、ピーターはそれを前提にしない子どもですからね。すごい強さともろさみたいなものをもっている。「お母ちゃん」ということで曇ってない目で、現実をじろっと見ているようなところがある。

長田　最後に子どもたちがうちに帰ってきて、お母さんたちと抱き合って喜んでいるのを、じっとのぞき込む。怖いですね、あそこなんか。

河合　その後の描写は名言です。ピーターは「ほかの子どもたちがけっして知ることのできない、数かぎりない大きな喜びを知っています。けれども、いま、窓から見ているけしきこそは、この子が永久に手にとることのできない、ただ一つの喜びでした」。

ということは、逆に言うと、「お母ちゃん」にばっかりすがっている子どもは、ほかの楽しみ、ピーターの楽しんだ世界がほとんどわからないということです。

5 モモ／はてしない物語

横行する時間どろぼう

河合 ミヒャエル・エンデの『モモ』(8)の、時間どろぼうというのは、よいアイデアですね。読む人はみんな、これに遭っているから、ぴったりくるんじゃないですか。いまは、能率を上げる、上手にやる、得をするというふうな考え方で、結局、大事なものが全部なくなっていく。時間どろぼうというのは、近代化を極限まで推し進めていくと横行するものです。

長田 時間を節約すれば余裕ができるはずなのに、そうならない。

河合 逆に機嫌が悪くなる。

長田 その大事な時間というのは何か。それは、人の話を聞く時間のことだと思うんです。

河合 そうですね。

長田 この物語の主人公のモモの持つすばらしい能力というのは、人の話をじっと聞くということです。自分自身についてはほとんど話をしない。モモは人の話を聞く時間をたっぷりと持っている少女ですね。

河合　いまの小学校でも中学校でも高等学校でも、話を聞く才能は、点数がつけられるという意味では全然評価されません。自分が何をしたかということには全部評価がつくんですけれども。

長田　話をちゃんと聞くことのできる人がいなくなってきている。それだけ話を聞いてもらえる場も、いまはないんですよね。

河合　そうです。だから、ぼくら心理療法家が職業的に聞くようになったわけです。『モモ』はぼくらの必読の書です。モモが姿を見せると子どもたちの航海ごっこが始まるところがあるでしょう。あれは感激しました。モモがいるだけで、みんなの想像力がわーっと開花する。

話をすること自体が解放になる

河合　モモがお父さんもお母さんもいないというのはわかりますね。そういうとこ

（8）『**モモ**』　ミヒャエル・エンデ作、大島かおり訳、岩波書店

ろからまったく自由な立場で聞いているわけです。自分のことが下手に入ってくると、話を聞けなくなってくるんです。モモは自分の歳さえわからない。百歳とか百二歳とか言っている。

長田　モモは数を勘定できない少女として出てくる。

河合　それも象徴的だなあ。いま、数の勘定ができなかったら生きていられないですね。

長田　一方、時間貯蓄銀行の外交員と称する灰色の男たちはめったやたらに数に強くて、人に向かって、あなたは時間をこんなにむだ遣いしていると言い、わーっと計算して見せて、自分からまくし立てる。そして全然相手の話を聞くことをしない。人間に時間を送っているマイスター・ホラがモモを時間のみなもとに連れていくときに、ぜったいにしゃべっちゃいけないと言います。いまは自由とはしゃべることだと思われている。けれども、そうじゃない。自由というのは本当は聞くことから始まる。

河合　あそこで時間の花のつぼみが伸びて、ぱーっと咲くでしょう。あれはすごいイメージですね。

長田　話を聞くというのは、ひとりの行為じゃなくて、必ずふたり以上で共にする行為ですね。話を聞く行為は自由に話をできる人をつくりだし、自由に話のできる場をつくりだす。『モモ』という物語はそのことの大切さを伝えてくれる物語です。

モモがこの物語で演じているのは、ガリレオがこの地球の外に「足場」を与えてくれれば地球を動かして見せると言った「足場」みたいなものでしょうね。

河合　ほんとですね。ぼくら心理療法家もほとんど黙って聞いていることが多いんです。いろいろ教えてもらえると思う人が多いのですが、教えることなんかほとんどありませんから、ひたすら聞いています。そのうちに、『モモ』のなかにも、モモが大きな目で見つめているだけで、二人の男が大げんかをしながらだんだん仲直りしていくという話がありますけれども、その人がちゃんといいことを思いついて、自分で解決してしまうんです。

長田　悩みを打ち明けてそこから抜け出すために話をするんじゃなくて、話をするというそのこと自体が解放になる。

河合　ええ。話をする人が、話をつくっているうちに自分で出口を発見する。それにモモはついていくだけです。

失敗するおかげで物語ができる

長田　ただ、自分で物語をつくる能力も、いまは急速に失われてきていますね。

河合　それはほかから与えられる知識のほうが効力が高いことが多いからですよ。自分で考えるよりもマニュアルを読んでボタンを押したほうがいい。自分で観察しているよりも理科の本を読んだほうがいい。だから、自分の物語を自分で否定していくわけです。こんなばかなことを思っても仕方がないと。

その意味では、ぼくらの仕事というのは、ずーっと聞いていることで、その人が自分の物語を発見するのを助けるということになります。

長田　エンデのもう一つの物語、『はてしない物語』(9)は、どうしたら自分の物語をもてるかを教えてくれます。これは失敗だらけの話です。これでもか、これでもかと失敗ばかりの物語。いまは「失敗は許されない」という言葉をよく聞くけれども、おそれず失敗できるようでないと、物語はできないんです。

河合　いや、ほんとにそうですね。

長田　『はてしない物語』というのは二十世紀の経験のなかから書かれた物語だと思います。すべての科学的発見は失敗から生まれているといいます。へまをやった科学者だけがそのへまを手がかりに発見を手にしてきた。それまでの理屈でどうにもならずに、そこからはみ出したときに、発見が生まれる。

河合　そのときにそれを失敗として捨ててないんですね。失敗を大事にしている。この物語は初めと終わりをひっつけたら、話は何もないんですよ。要するに息子がいないままになって、ものすごく心配していたら、学校の物置に隠れていた。それだけなんです。ところが、おもしろい失敗が始まったおかげで、物語ができて、つぎつぎと展開するわけです。

逆に言うと、息子が家を一日飛び出して、それとお父さんがほんまに和解しよう思うたら、こんだけの物語が要るということですね。この物語の体験なしに家出したら、帰っても怒られるだけですよ。

長田　『はてしない物語』は、もう一つ、隠れ場所として、本、物語というのがあるよと語りかける。物語の魅力は、物語のなかへ家出する魅力なんだということですね。

河合　どこにいても、本のなかなら入っていけますからね。ぼくはこういうのを必死になって読んでいた子ども時代を思いだします。そこへ入り込んで、次はどうなる

（9）**『はてしない物語』**　ミヒャエル・エンデ作、上田真而子・佐藤真理子訳、岩波書店

か、次はどうなるかと思って、そして、終わりに近づくのが惜しくて惜しくてね。

6　トムは真夜中の庭で／まぼろしの小さい犬／ハヤ号セイ川をいく／幽霊を見た10の話

語りが魅力で、構成もうまい

河合　『トムは真夜中の庭で』(10)『まぼろしの小さい犬』(11)、そして『ハヤ号セイ川をいく』(12)『幽霊を見た10の話』(13)という、フィリパ・ピアスの四冊の物語は、読んでいて自分が小学六年生ぐらいに戻ったような気がしてきますよ。「ご飯ですよー」と言われながら、次はどうだ、次はどうだと思って熱中している。

長田　語りがとびぬけている。ピアスの魅力は、まずなんといっても語りの魅力ですね。どの物語も、一気に読まされちゃう。別に殺人や事件が次々に起きるわけでは

(10)『トムは真夜中の庭で』　フィリパ・ピアス作、高杉一郎訳、岩波書店
(11)『まぼろしの小さい犬』　フィリパ・ピアス作、猪熊葉子訳、岩波書店
(12)『ハヤ号セイ川をいく』　フィリパ・ピアス作、足沢良子訳、青い鳥文庫(講談社)
(13)『幽霊を見た10の話』　フィリパ・ピアス作、高杉一郎訳、岩波書店

ないのに。

河合　最初の作品の『ハヤ号セイ川をいく』なんて、いってみればまったく日常のことを書いているのに、休めない。

長田　とにかく読みながら心が弾む。日常が退屈だなんて、ピアスを読むとまったくうそだなあって思う。

河合　話の構成もうまいんじゃないですか。きれいに伏線、伏線、伏線でもっていく。日本の作家で、いいテーマを思いついておられるんだけど、子どもに話をしようとして文章が粗っぽくなるのがありますが、その点、ピアスは大したものです。

長田　短編集の『幽霊を見た10の話』なんか、日本でだったら大人の文学として差しだされて、全然ふしぎではないですね。ものすごく熟成してる。

河合　そして、テーマがすごい。

長田　ピアスの魅力をもっともよく伝えるのは、やっぱり『トムは真夜中の庭で』でしょうが、ピアスの物語をつねに際立たせるのは、物語にかならず登場してくる、じつに魅力あるお年寄り。年をとるということは、物語をそだてることなんだ、と教えてくれる。

『まぼろしの小さい犬』で、おばあさんがベンに言うでしょう。「さあ、預言者エレミヤの書のつづきを読んでおくれ」と。あれは忘れられませんね。『エレミヤ書』は悲しい本ですから。

河合　お年寄りが物語のキーをもっているところはいいと思います。

昔がいまとぴたっと重なっている

長田　現在は、現在でしかないのではなくて、過去の総体である。つまり、いま見えている現在はじつは半分でしかなくて、あとの半分の現在はわれわれが過去と呼んでいるものだ。ピアスを読んで考えるのは、過去とは何かということです。『トムは真夜中の庭で』のおばあさん。

河合　『ハヤ号セイ川をいく』の古い水路。もうなくなっているんだけど、それがあってというところは巧みですねえ。また、昔のことを物語っていても、それがいわゆる昔語りではなくなっている。いまの現実とぴたっと重なって出てくるんです。

長田　『幽霊を見た10の話』もそうですね。過去と現在がつねに同時です。

河合　逆に、『まぼろしの小さい犬』は、現実のことを書いているんだけど、結局ファンタジーがどんなに大事かということが出てくる。

長田　ピアスにとってファンタジーというのは、現在がはらんでいる夢なんですね。

「かわらないものなんて、なにひとつないものね。わたしたちの思い出のほかには」（『トムは真夜中の庭で』）と言う。ピアスの言う思い出というのは、センチメンタリズムやノスタルジアの対象じゃないんです。そうじゃなくて、もう一つの現在なんですね。だから、リアリティをもって迫ってくる。

河合　そうです、そうです。筆が甘くない。びちっと書けている。

長田　過去への入り口の一つは、物ですね。物が物語のなかで大切な役割を果たしている。『トムは真夜中の庭で』の場合はドアであり、『幽霊を見た10の話』では小さなびんであったり、特別な液体を注ぐと敵を殺す小さな人形であったりする。

河合　過去が物としてそこに現前しているんです。

長田　過去へのもう一つの入り口は、建物を含めた風景。『ハヤ号セイ川をいく』の川。『トムは真夜中の庭で』の、板塀越しに見たイチイの木。『幽霊を見た10の話』の「ジョギングの道づれ」の丘。風景というのは、思い出がそこに生きている現在です。そこには、いかにもイギリスの作家にふさわしい、風景に対する感受性の強さがあらわれています。

河合　あの庭は象徴的ですね。非常に現実感があります。

長田　徹底したファンタジーでありながら、物語がこれほど具体的な景色をもっている。ファンタジーがつくりものじゃない。とくに『まぼろしの小さい犬』なんか、空想がきわまるほど、物語がいっそう具体的になってゆく。うまいですねえ。

河合　それで、あれはお父さんもお母さんも姉さんも弟もみんなよい人なんですよ。非常に幸福な家庭なんです。でも、ベンは不幸なんです。この感じが、ぼくはものすごく好きですね。

少年が自分の内的な世界をわかりだすと、周囲の人たちはみんなうまいことといってるんだけど、自分はまったくの孤独になっていく。十歳ぐらいの子が大人になっていくというのはたいへんだなあと思います。

長田　それから、過去への第三の入り口として、名前があります。地名、人名。名前はそのものが歴史をもっている。ピアスは物語において、名前をとても大事にしてる。

河合　この人のそういう感覚は鋭いですねえ。

テーマは失われた幼年時代

長田　過去に対する想像力がファンタジーをつくりだし、未来をつくりだすんですね。どんな大人のなかにも、幼年時代のその人がいる。

ロシアにマトリョーシカという入れ子人形があるでしょう？　ああいうふうに人間を捉えてる。

河合　うん、うん、なるほどね。

長田　過去をふりすてることが成長なんじゃなくて、自分の生きてきた過去が自分の体のなかにあるのが人間だというふうにね。

河合　『幽霊を見た10の話』をのぞくと、みんな主人公は少年です。そして作者は女性なんです。だから、自分の娘時代をそのまま書いているのとは全然違いますね。

長田　ピアスのなかにいる少年はだれだろうとずっと思ってたんですが、『幽霊を見た10の話』の「水門で」を読んで、あっ、この少年だと思いました。あの若くして戦死したビーニイが、きっと作者のなかに息づいていた少年の原型ですね。

『トムは真夜中の庭で』のハティは、「わたし、死んでなんかいないわ。――ねえ、トム、わたし死んでなんかいないわ！」と言います。幼年時代も、少女時代も、ピアスの物語では、全部が現在として、一人のなかに生きているんです。

河合　萩尾望都さんとか竹宮惠子さんというような漫画家が少年を描くでしょう？　ぼくはあれと似た感じを受けましたね。現実感がありながら心の深いことを書いている。だから、われわれの感激する度合いが違うんです。

長田　失われた幼年時代という太いテーマは、イギリスのすぐれた作家たちに共通します。その失われた幼年時代を、ピアスの子どもの本は、いま、ここにとりもどさせてくれる。

7　子鹿物語

アメリカ人のディグニティ

長田　マージョリー・ローリングズの『子鹿物語』[14]は、ピュリッツァー賞を受けた大人の文学である子どもの本という、めずらしいケースの物語です。日本でもはじめは大人の世界文学全集に収められていた。アメリカではいまでももっとも人気ある物語の一つで、ヘミングウェイなんかも大の愛読者でした。

ただこの本は、日本では不幸なことに、ザルテンの『バンビ』[15]とときどき間違えられます。というのも、ややこしいんですが、『子鹿物語』は映画化されたとき日本題名が『子鹿物語』になるんですが、『子鹿物語』というのは、実は『バンビ』がはじめて日本語に訳されたときの題名だったんです。『バンビ』がアニメ化されて『バンビ』という題名になったあとに、この物語は(映画の日本題にならって)『子鹿物語』になった。

河合　原題の「THE YEARLING(一歳子)」というのは、鹿の子どもが大人になるというのと、人間が大人になるというのをかけたことばですね。

長田　そうなんです。ですから、これは子鹿とともに成長する少年が主人公の物語ですが、子ども時代、少年時代とは何だろうということをまっすぐに問いかけてくる物語です。

少年の父親が少年に、あまりに手に負えなくなった一歳子の鹿について、こう言います。「それから、もっと大きくなるだろう。いまは中途はんぱで、国境に立った男みたいなもんだ。こっちの国から、むこうの国へわたろうとしているところなんだ。いままでは子鹿だが、これからは牡鹿になるわけだ」。

大人になるには、子ども時代、少年時代をみずから抜け出ていかなければならない。いまは大人になることがとても難しくなっている時代です。この物語の少年は最後にみずからの手でじぶんのもっとも可愛がっていた一歳子の子鹿を射殺しなければならない。この最後はほんとうに印象的ですね。子鹿を射殺したあと、もはや彼自身ではない「一人の少年と一頭の子鹿が、ならんで走りさった。そして、その姿は永遠に消

(14)『子鹿物語(全3巻)』マージョリー・ローリングズ作、大久保康雄訳、偕成社文庫
(15)『バンビ』F・ザルテン作、高橋健二訳、岩波少年文庫

えた」。

『子鹿物語』は、甘美な物語ではなく、むしろたいへんきびしい物語です。まさにこの物語そのものが、子どもの国と大人の国との国境線上に立っている。

河合 この『子鹿物語』を読むと、アメリカ人のいまも続いている、素朴なまでの荒っぽい正義感を痛感します。それはヨーロッパと違う。日本にもない。けっこう、何が正しいかとか、曲げてはならないとか、みんな頑張ってやってるわけですよね。

長田 法律に正しさを求めるのでなく、自分たちの生き方に正しさを求めるというか、この物語は人間にとっての誇りとは何か、そうした誇りがつくられるまでにどのようにさまざまな経験が関与するかということを、胸つまるような物語を通して語りかける。この物語の原料というか、非常に重要なことばはディグニティ(尊厳)ということだろうと思うんですよね。

河合 そう、ディグニティがキーワードですね。

親しい人の裏切りが必要

長田 この『子鹿物語』は、父親と母親と子どもの物語です。その意味で、親の側からも、子どもの側からも、いま日本でいちばん読まれていい物語の一つじゃないでしょうか。

河合　いまの子どもたちもすごく熱心に読むと思いますよ。

長田　十九世紀後半のフロリダの荒野に生きるこの三人のつくっている家族というのは、あくまで個と個の対話のうえに成り立ってる、そういう家族ですね。父親と子ども、母親と子ども、それから父親と母親がダイナミックに対話を交わし、そういう交流として存在する家族のなかに、野生の子鹿が入ってくる。

河合　お母さんがなかなかがちっとした現実主義者で、びくともしない。ずけずけ物を言うでしょう？　うふふふ。たいしたものですね。そして、父親が子どもの気持ちをわりとわかって、一種の同盟を結んでやっているところがおもしろい。

長田　教える人としての父親、存在としての母親、こういう両親のあり方をまえにして、子どももまた、子どもとしての自分をつくっていく。そうやって、おたがいあくまでも自分たちの意思をもって、家族のあり方を形成していく。

河合　家出して帰ってきた少年に父親が、人間というのは卑しくて意地悪だ、人生はすばらしいが生易しいものじゃないということを言う。だけど、それが日本人の「あきらめましょう」というのと違うのは、少年自身が自分で子鹿を撃ったことがはっきりしているからですね。その上で、それを乗り越えようとする。

日本の場合だったら、悪いのは運命だ。だからどうせ自分の力ではどうにもならないということになる。

長田　感傷によって救われない。父親も母親も助けたりしない。自分でいろいろ考えに考えて、自力で、自分の直面する問題に結末をつけなければならない。それができないと家族が家族にならない。

河合　大人にならない。少年が怒るのは父親の裏切りです。あれはすごいですねえ。やっぱり近い人間のほうが裏切るんですよ。お母さんは裏切る必要がないんです。また、近い人間が裏切らないと意味がない。いちばん自分のことをわかってくれていて、いちばん親しいと思っている人の裏切りというのが、大人になるために必要なことかもしれません。

ウィルダネスに教えられる

長田　この物語にはさまざまに、自然の脅威、また人間の暴力が顔を出します。とりわけ圧巻なのは、すさまじいばかりに襲いかかってくる暴風雨。

河合　大洪水。動物でも熊、ヒョウ。日本と違って、アメリカの自然には凄いウィルダネス(荒野)っていう感じがあります。その環境のなかで鍛えられて大人になっていくんですね。

長田　森で父親がガラガラヘビに嚙まれる。そのとき、通りかかった牝鹿をとっさに撃ち殺して、その温かい肝臓を傷口に押し当てて、やっと命をとりとめる。ウィルダネスのなかにあって、危険というのは実は人間に知恵を授けてくれるものでもあるんだということですね。

河合　殺した牝鹿が父親の命を救ってくれた。その子どもの子鹿を、少年は育てていくわけですね。

長田　ところが、この家族は実は畑を耕しながら暮らしてる。ですから、成長してきた子鹿がやっとの思いで育てた農作物を荒らすようになると、母親は許さない。農作物なしで荒野に生きていけないからです。

この物語では、まず道徳があるのではない。まず自然がある。そのなかに生活があって、人生があるんですね。

河合　考えたら、人間が自然と切れてくることが、教育にしろ、家族にしろ、難しくするというのはよくわかりますねえ。切れていなければ、仕事の役割とか意味とかいうのが具体的にぴたりぴたりと決まってくるから、やりやすい。

この『子鹿物語』の少年は、自分で自分の子鹿を殺したあと、家出をする。そして、荒野をさまよって、ほんとうに飢えということを体験するでしょう。そうしてやっぱり結局は父親、母親のところに帰ってくる。それは、たとえ帰ったって喜んで迎えてはくれないだろうと思っても、本当は帰ってきて当然だという関係がずーっと三人の間にできているからです。

けれども、いまの子どものもっと悲惨な子どもは、胃袋のじゃなくて、精神のすごい飢えを体験するわけでしょう？　それで帰るところがないんですよ。たいへんなことをやりだしたものですねえ、人間も。

8　ゲド戦記

逆転また逆転

河合　ぼくは、子どもの文学はまったく専門外だったんですが、『ゲド戦記[16]』を読んであんまり感激したから、岩波市民講座でしゃべりました。そうしたら、今江祥智さんと上野瞭さんが見て、すぐに手紙をくれて、ぼくを子どもの本の世界に引っ張り込んでくれたんですよ。だから思い出深いものです。そのときはまだ全三巻で、四巻目の「帰還」は出てませんけれどもね。

長田　『ゲド戦記』は、ぼくの場合、発表と同時に、同時代の物語として進行形で立ち会うことのできた物語でした。物語は古い時代のファンタジーだけれども、一九

(16)　『ゲド戦記(全4巻)』(1 影との戦い・2 こわれた腕環・3 さいはての島へ・4 帰還)アーシュラ・K・ル＝グウィン作、清水真砂子訳、岩波書店(後に、5 ドラゴンフライ・6 アースシーの風)

六〇年代以後の時代の変化を生き抜いてきた物語です。『ゲド戦記』は本質的には成長小説(ビルドゥングス・ロマン)。二十世紀の前半を代表する成長小説が『チボー家の人々』[17]なら、後半を代表するそれは、『ゲド戦記』かもしれないですね。

河合 小学生でもけっこう感激して読んでいるみたいですよ。どこまでわかってるかわからないけど。不思議ですねえ。

長田 物語がフーガ(遁走曲)になっている。そこが魅力ですね。

河合 そうそう。

長田 中心人物はゲド。しかし、ゲドに向き合うもう一人が必ず対になっていて、物語は対話的に、絶えず入れかわりながら進んでいく。あるときには一方が優勢に見えるけれども、それがメビウスの輪みたいにぐるっとひっくり返る。二巻でゲドがテナーを救い出す。四巻ではそのテナーにゲドが救われる。最初恐ろしげに見えた竜が、全然そうじゃなくなってあらわれる。まったくいんちきな魔法使いだと思ったのが、なかなかの強敵としてあらわれる。

河合 三巻もそうです。ゲドが、アレンという若者を連れていったように思ったけれども、ほんとうはアレンがおれを連れていってくれたのではないか、というところがありますね。あれでもわーっと逆転しますよね。

長田　つねに、逆転また逆転。その成り行きがものすごく楽しい。ですから、うっかり善玉対悪玉みたいなしかたで先入観をもって読もうとすると、深々とした魅力をもったこの物語を、きっと読みそこなってしまう。

西洋文化以外に目

長田　『ゲド戦記』のテーマの一つは言葉です。

ル＝グウィンは言ったことがあります。この世の中はいままで、何でもぱっと二つに分けてしまうファザータング(父語)で来た。これから物にしなきゃいけないのは、マザータング(母語)であって、これはきわめて不明確だが、分けないで結びつけるものである、と。それが、カレシンという竜のしゃべる太古の言葉なんですね。

河合　ヨーロッパ文化圏というのはファザータングがものすごく洗練されているでしょう？　そこでマザータングをやろうというんだから、たいへんなことです。ただ、母なる言葉、母なる世界というのはだいじなんだけど、またそこに閉じ込められてい

---

(17)　『**チボー家の人々(全5巻)**』　マルタン・デュ・ガール作、山内義雄訳、白水社(後に、白水Uブックス、全13巻)

てもだめなんです。その難しさが二巻に書いてあります。

長田　あの地下の迷宮は象徴的ですね。

河合　男が侵入してくる。

長田　性的な意味も持っている。

河合　やっぱりル＝グウィンは両親が文化人類学者ですから、西洋の文化以外のところにきれいに目が開かれていますね。自分は明確にキリスト教徒ではない、不明確にタオイスト（道教の信奉者）であるというおもろい言葉を使っています。

長田　『ゲド戦記』を読む人が必ず読まれたらいいと思うのは、ル＝グウィンのお母さん、シオドーラ・クローバーの書いた二つの『イシ』(18)。一つは大人のためのノンフィクション、もう一つは子どものための物語。『ゲド戦記』にはその北米最後の野生のインディアンだったイシのイメージが入っていると思う。

ところで、これはゲドの成長物語ですが、人生の道を究めるというと、普通ならばいちばん偉い人間になって終わる。ところが、ずっと後になって新しくでた四巻に、もはや老いたゲドはただの人になって登場します。あらゆる探究が結局「ただの人」になるためだった。

河合　そして、おもしろいことに、今までの西洋の物語は英雄が結婚したんですが、ゲドは逆にただの人になって初めて結婚ができた。東洋には、ただの人が偉いという思想はもともとありますが、それが結婚するというアイデアはあまり出てきません。老人になってしまうから。その点では西洋的です。

長田　三巻までの読者の期待をむしろ裏切って、四巻にいたってあらわされる、ゲドは賢者として人生を終えないというメッセージは、強烈ですね。

物語はまだ続く

河合　英雄は、次がありますというふうにいかないと、あとは暴君にしかなりようがないんです。アメリカの場合、ヴェトナム戦争の勇士とか湾岸戦争の勇士が帰ってくる。それでものすごく苦労したわけです。あっさりした言い方をしたら、人殺しの親玉が勇士になってるわけでしょう？　それが、人殺しをしてはならない社会に帰ってきて、どう生きていったらいいかわからないわけです。

---

(18)『**イシ――北米最後の野生インディアン**』シオドーラ・クローバー著、行方昭夫訳、岩波現代文庫
『**イシ――二つの世界に生きたインディアンの物語**』シオドーラ・クローバー作、中野好夫・中村妙子訳、岩波書店

そうならぬように、非近代の社会は必ず帰還の儀式がありました。一種のイニシエーションです。それによって勇者は普通の人間にされた。で、みんな落ち着いた。今はそんなことないでしょう？　帰ってきても勲章を持ったりして威張っている。それもこの物語の中には入っていると思います。

ひょっとしたらル＝グウィンは三巻で終わるつもりだったかもしれません。しかし、後の自分の人生のなかで……

長田　変わってきた。四巻目は、原題となるテハヌーという少女を描くことで書けた、と言う。テハヌーというのは、無垢な子ども時代でなく、凌辱された子ども時代の記憶をもつ少女ですね。ゲドからテハヌーへ、物語が手わたされるんです。

河合　テハヌーはアメリカの現状みたいな感じもしますね。ひとつの目しか見えないし、すごいドラマを持っている。

長田　『ゲド戦記』はずっと全三巻で終わりだと思われてきた。そこへ四巻目の「帰還」がでた。

河合　そうそう。正直に言ってぼくもびっくりしました。

長田　四巻には「最後の書」というサブタイトルがつけられています。しかし、「最後の書」かなって思う。物語はまだ続くんじゃないか。少なくとももう一冊は書かれるんじゃないか。

第四巻はテハヌーの物語としては始まりだろうし、始まりであるべきだろうと思うんですね。よく読むと、新しい物語のための手掛かりが、たくさんの伏線が、物語のなかにのこされている。そして「最後の書」にいたっても、ゲドはまだ死んでいないのです。

河合　そう言われると、五巻目が待ち遠しくなってくるなあ(笑)。

9　風の又三郎／銀河鉄道の夜

気象によって物語が運ばれてくる

河合　宮沢賢治の『風の又三郎』[19]は、日常のことを書いているのに、ものすごい透明感がありますね。それは作者がわれわれの住んでいるふつうの世界とはちょっと次元の違うところで物を見ているからだと思うんです。

長田『風の又三郎』というこの物語は、九月の一日から十二日までという日付を打って書かれているでしょう。場所は岩手。時は九月の初め。夏と秋が交代する時期の東北の心象風景ですね。

河合　二百十日とか二百二十日のあたりですね。

長田　この時期、北海道から寒気が下がってきて、さらに南へ移っていく。秋という季節が風とともにやってくる。その季節の移動が、風の又三郎である高田三郎君が北海道から転校してきて、やがて雨と入れかわるようにいなくなるというかたちで、物語られる。又三郎というのは「また候ふ」、またやってくるという意味だと思う。

季節の物語ですね。

「ことしの終わりの日の光」と書かれているように、十二月じゃなくて九月の初めで、光の季節が終わる。間もなく雪の気配が来る。

耕助が風など世界じゅうになくてもいいというと、又三郎がどうしてだと聞き返して、えんえんと問答が続くところがありますね。

河合　「それから？」「それから？」と。

長田　人びとは気象とともに生きている。とくに子どもは昔から風の子というように風とともに生きている。そこに、気象によって、物語が運ばれてくる。又三郎が主人公なんじゃなくて、風が物語の本当の主人公だろうと思いますね。だから物語は風の音で始まり、風の音で終わる。季節が情感をもつように、物語の情感が深く季節に根ざしている。ですから、物語には不思議な既視感がみちみちています。

死ぬぎりぎりのところまで行った

長田　しかもこの風の又三郎の物語は、きわめて実際的な現実から引きだされた物

---

(19)『風の又三郎』宮沢賢治作、岩波文庫他／『宮沢賢治全集第7巻』ちくま文庫

語でもある。

河合　そうそう。風の又三郎は風の子ですが、そういうのをふつうの人が考えると山から来た子になるんだけど、これはモリブデン鉱採掘のためにやってきたんですね。そして、ここの田舎とは違う、きらめく要素みたいなものを備えています。

長田　気象とともに、物語の背景にあるのは、近代化ですね。そこを突き抜ける物語の力。

河合　初めのあたりの複式学級の描写はもう現実そのものです。それについていくと、あの馬たちと同じで、われわれは知らぬ間に柵を越えて違う世界へ入っていってしまう。

長田　三郎と嘉助が馬を追って迷う場面。美しいですね。見なれた風景が風によって一変する。

河合　ぼくら、自分の少年時代を考えると、死の世界に近いところで生きているんですよ。この子らでも、まかり間違ったら遭難して死んでいるわけです。向こう側におりたらそれっきりだというところまで行っている。ふだん彼らはこの世界を知らずに生きているんだけど、時々それがすーっとよぎっていく。

長田　『風の又三郎』の向こう側にひろがっているのが『銀河鉄道の夜』[20]ですね。

河合　この世ならぬもののほうへ明確に移っていく。しかし、ベーシックにはほとんど一緒の世界といっていいぐらいの感じがしました。

長田　『風の又三郎』の遭難して踏み迷うところに、『銀河鉄道の夜』への入口がありますね。

河合　ええ。野原の描写が輝いているというのは、汽車の窓から銀河の岸で波を立てているススキを見るところにも通じますね。いまでいう臨死体験です。そして、それを子どもの現実の物語として書いた点で、『風の又三郎』はすごい傑作だと思います。

『銀河鉄道の夜』は妹のとし子さんが亡くなられてから書いていますね。だから、あのときに相当な死の体験があったんじゃないか。ほんとうに一緒にぎりぎりのところまで行ったんじゃないかとぼくは思っているんです。

長田　『銀河鉄道の夜』は、死の送りの物語ですね。人が死ぬ。生きるものは死を送る。その死を経験することが物語になっている。

河合　しかもそれを鉄道で書くというのはスケールが違いますね。

---

(20)　**『銀河鉄道の夜』**　宮沢賢治作、岩波文庫他／『宮沢賢治全集第7巻』ちくま文庫

言葉を拾う

長田　ぼくは、宮沢賢治のいちばんの魅力は「命名」のおもしろさにあると思うんです。土地や人物に一つ一つ名前をつけていく。それによって、何でもないものがまったく別のものになって生きてくる。

宮沢賢治という人は農耕を深く生きた人ですけれども、そもそも農耕の近代化というのは、肥料、作物、さまざまな改良に名前をつけていくことだったし、いまでもそうです。名というのはそれによって人びとが夢を見るものでもある。鉄道の物語も、実は名前の物語。名前の違う駅を次々にめぐっていくのが鉄道。『銀河鉄道の夜』は、名前の物語でもある。

河合　たしかにファンタジーは国の名前から島から海から全部命名していかなければならない。名前があることによって存在するわけですから。

長田　日本人はもともと名前の物語は得意。昔は大人になるときに幼名を変えた。いまでも歌舞伎や相撲の襲名というのは、新しい名前をもらって大きくなる。変わる。『銀河鉄道の夜』はとことんハイカラな物語のようであって、そうした日本人のなじんできた名前の持つ魔術的な力をうまく使っていますね。それによって座標軸を変える。具体的なものの名前から抽象名詞へぱっと飛ぶ。

河合　話の始まりのジョバンニと病気のお母さんのところは相当具体的ですものね。ところが、発車し出すとぱっと次元が変わる。

長田　ジョバンニは活版所で活字を拾うアルバイトをしている。そのジョバンニの物語である『銀河鉄道の夜』というのは、ぼくが思うには、つまりジョバンニが言葉を拾っていく物語だなあということ。

河合　なるほどねえ。

長田　物語の言葉を、地図から拾う。星座から拾う。ニュースからもいっぱい拾っていますね。氷山に船がぶつかる。

河合　あれはタイタニック号沈没事件ですね。

長田　そうだと思います。

鳥を捕る人が出てくるでしょう。でも、鳥を捕っているんじゃなくて、本当は鳥の名前を捕っている。言葉の狩人です。

河合　これは宗教と科学の接点にある作品ですね。魂の言葉をうまく使っている。いわゆる宗教の言葉は使わない。

長田　現実の世界と空想の世界の間に、言葉でしかない観念というのがいっぱい関与してきます。宮沢賢治は「さいわい」という観念を何度も使って、それをどうやって体験するかということを問うています。いま、われわれは観念を感覚できなくなっている。

河合　普通の感覚に縛られ過ぎていて、それが現実だという途方もない確信を持っている。そして、そうでないものは観念的でだめだという。観念が感覚化されないから本当に自分のものにならないんです。

長田　「さいわい」はどこにあるのか――『銀河鉄道の夜』はそれを体験していく旅でもある。

河合　それは大事な読み方ですね。宮沢賢治は観念の感覚化の天才といっていいと思います。

10　アンネの日記（完全版）

自分のなかに常に他人がいる

河合　アンネ・フランクの『アンネの日記（完全版）』[21]は、ユダヤの問題を提起しているという政治的な意味はあるんですが、ぼくは一人の思春期の女性の内面を書いたものとしてもすごいと思いました。

普通、この年齢ではそれは書けないんです。体験しているものは、そんなに客観化して書けないんだけど、この人はそれを体験しながら書けている。ものすごく珍しいと思いますね。

長田　いままで読まれてきた短縮版とのいちばんの違いはそこです。短縮版は日本語訳の初版が一九五二年に出て、戦争の影のもとで読まれた。隠れ家に潜んで、弾圧されつつ生き延びたけれども、最後は収容所に消えたというのが重くのしかかってい

(21)『アンネの日記（完全版）』　アンネ・フランク著、深町眞理子訳、文春文庫

た。それに対して完全版は、もっと普遍的な人間の記録としてすぐれたものという印象を受けます。

河合　極端にいうと、彼女がああいう死に方をしなかったとしても、これはこれで存在意義をもっているというぐらいのものです。

長田　いま生きていれば六十歳半ば過ぎですね。

河合　ぼくより一つ下です。

長田　ああ、河合さんと同世代なんだ。

興味をそそられるのは、隠れ家にいたのがアンネの家族だけではなかったことですね。ほかの家族も一緒に隠れ住んでいた。ですから、アンネの隠れ家はそのまま社会の完全なミニアチュアになっている。

河合　そして、外へ出られないがゆえにアンネは自分を内面化せざるを得なかった。

長田　しかも、完全に閉ざされていたわけではなくて、密かに助けている人たちが外にいた。無言をまもるそうした人たちの存在が、この少女の内面の物語を深くしています。

河合　何となくわかっていながら黙っている人たちが支えてなかったら、こんな生活はできないですよ。

長田　アンネは日記にキティーという名前をつけて友達にしていますね。初めから自分のなかにもう一人の他人が存在していて、それに向かって書いている。

河合　最後は二人のアンネになるでしょう。すごいですねえ。

長田　それと、この日記を可能にしたのは、逃れられなかったハンネリというもう一人のユダヤ人の少女。自分は隠れ家に隠れられたけれども、彼女は隠れられなかった。これが日記と同じようにアンネのなかに他人として常に存在している。

女の子が見て大人になる夢

長田　アンネは、ただのユダヤ人じゃなくて一個の人間でありたいと欲しますが、それゆえに文字の民としてのユダヤ人としてぎりぎりまで生きる。祖国をもたないといいつつ、祖国は言葉であるという伝統のなかで、言葉で自分をまもる。

河合　いや、ほんとにこの日記がこの人の祖国というか、まもりというか、全部になっているわけです。

長田　書くことが人間にとって大きな意味をもつということが、これだけ切実に伝わってくるような本は、そうそうないですね。

河合　書きつづけることによって、アンネは最後までユーモアを失わないですものね。もうそうとうな状況になっているわけですよ、書いていることを見たら。食べる物もむちゃくちゃでしょう？

長田　たとえば、なくなった万年筆について書く。食べ物のレシピをきちんと書く。自分の性器の仕組みを書く。それによって単に自分を表現するんじゃなくて、自分を確認していく。

河合　ペーターとの関係もおもしろいねえ。

長田　これだけ開かれた思春期の記録は、もっとも閉ざされた場所でだからこそ書けたのかもしれない。

河合　おそらく男性のほうはここまで意識化できないと思いますけどねえ。この子はその気持ちをぴったり書いているでしょう？

長田　さわられること、さわること、内心のもやもや、それからまなざし、一つ一つずっと書いていく。それから、彼女にとっては、こういう状況ですから、夢というのが大きな意味をもっていますね。

河合　そうそう。ペーテルというのが夢に出てきて、それと実際のペーターがだんだん重なっていくんだけど、アンネは自分の内面的な男性像をそうとうはっきりつかんでいる。だから、ペーターはいまは意味があるけど、そこまでの意味だというのを知っている。それでペーターのほうは、たいていのぼせあがっている。

長田　これを読むと男はだめだなという感じですね。

河合　負けてますよ。アンネは「彼がわたしを征服したんじゃなく、わたしが彼を征服してしまったんだ」と書いている。あれはほんとに女の子が見て大人になる夢です。

人間の逆説性を伝えた

長田　『アンネの日記(完全版)』の人たちは狭いところにいるので、頻繁に喧嘩をします。喧嘩は望ましいことではない。けれども、お互いを理解するいちばんよい方法でもあるんですね。ですから、喧嘩の仕方を知っている。喧嘩も上手にできないと、他人と一緒に生きられなくなる。

河合　これだけの狭いところに二家族と一人が住んで、つねに喧嘩しあって共存する。こういうかたちっていうのは、日本人にはわかりにくいですけど、すごいですねえ。

長田　不思議なことに、幽閉されていながら、この人たちは最後までお互いの誕生日の贈り物をするし、猫が病気になったら、町の動物病院に連れてってもらってる。

河合　通信教育も受けている。

長田　町には図書館が開いていて、市民が本を借りている。助けられながらとはいえ、隠れ家にあっても、日常生活を全うする。どんなに貧しくなっても。日本の戦争の記録とはまったく違いますね。

河合　これを見てたら、やっぱり西洋と日本の差を痛感しますね。少女が大人になっていくというのも、西洋ではこれだけすさまじいわけですから。

長田　『アンネの日記(完全版)』のなかには、まったく無償の楽しみにいそしみながら、しっかり自己確認をとげていくなまいきな少女がいる。そこには、大人を批判し、大人からぺしゃんこにされながら自分は大人になっていくという、非常に対話的な世界がある。しかもそれはきれいごとではないんです。

河合　下手をするとかわいそうな女の子の日記というふうに受け取られてしまうんですが、そんなセンチメンタルなところは全然ありませんね。

長田　こういう記録は、彼女が待ちつづけた平和な時代には、全然出てこない。彼女は大きくなったらジャーナリストになりたいと念願していたんですが、その夢は絶たれる。しかし、絶たれたことによってかえって、ジャーナリストになった以上のことが実現するんです。残念ながら、つらい状況というのは人を聡明にしますね。

河合　確かにそうです。やっぱり研ぎ澄まされるわけです。

長田　幽閉された悲惨な状況にありながら、アンネ自身ギリシア、ローマの神話が大変好きなんだけれども、時間は牧歌的に流れている。第二次大戦の記録としてこれがどんなものよりも読まれてきた理由の一つは、人間の逆説的な真実をよく伝えているためじゃないでしょうか。

河合　そうかもしれませんね。

11　イワンのばか／人はなんで生きるか／みどりの小鳥

平気でひっくり返す

河合　トルストイのロシア民話集は、ぼくは子どものときに読んでいるんですが、「人はなんで生きるか」(22)「愛のあるところに神あり」、それから「イワンのばかとそのふたりの兄弟」(23)などは、よく覚えてますね。考えたら、わりと教訓が見え見えなのに、読ませる。

トルストイだけでなく、イタロ・カルヴィーノのイタリアの民話集、『みどりの小鳥』(24)などでも、民話はどれも魅力がありますね。

長田　大長編を書きつづけてきた作家が、小さな民話に心を注いで、人びとにとっての物語を再生させる。トルストイは、話の語りがずばぬけて巧みです。とりわけ印象的なのは、物語のなかにはさまれる風景描写。実に簡潔なんだけれども、際立って象徴的で、読んだ後、心にのこる。

民話のおもしろさは、なんといっても物語の始まり方。「むかしむかし、そのむかし」という始まり方が、どうしてそれほど人の心に訴えかける物語の形式を生むか。そうして、人びとの無意識の記憶をさっと取りだす魅力が、民話の魅力ですね。

河合　やっぱりたったその一言で、読者は日常生活からぽっと離れてしまう魅力でしょうね。魔法の杖みたいなもので、「むかしむかしあったとさ」と言えば、途端に桃から人が生まれてきても文句はいえない。

長田　民話は一見古くさくて、のどかで、おくれているように見えるけれども、何でもできる。愚かさから知恵が生まれる。いちばん醜いものに姿を変えられていたものが、実はいちばん美しいものであることができる。

今日アメリカで、政治的に公正でない言葉が子どもの本から追放されるような動きがでてきています。悪いオオカミというのはいけないというふうに。しかし、初めに正義ありきでは民話は成り立たないんですね。民話は、おとしめられたものたちが主人公で、まやかしの価値をひっくり返してゆく物語だから。

(22)『**人はなんで生きるか**』　トルストイ民話集、中村白葉訳、岩波文庫
(23)『**イワンのばか**』　トルストイ民話集、中村白葉訳、岩波文庫
(24)『**みどりの小鳥**』(**イタリア民話選**)　イタロ・カルヴィーノ作、河島英昭訳、岩波書店

河合　「ばか」という言葉がいけないというなら、これは成立しないですよ。

長田　普通の社会で欠陥とされるものがすべてひっくり返っちゃう世界ですからね。

河合　そうそう。平気でひっくり返す。イワンはものすごい知恵者です。みんなが価値をおいてないところから始まって、がーっと途方もない価値が出てくる。

長田　カルヴィーノの『みどりの小鳥』に、ジュファーというおそろしくだめな男が出てくる。ところがその男が実に生き生きとしている。それが民話という物語なんで、世界じゅう、どこでも生き生きとしているのはだめなやつと言われてきた連中だなあと、つくづく思いますね。

最大のテーマは幸福

長田　民話のもう一つのおもしろさは、風土も違う、生活も歴史も違う、気質も違う、しかし世界のどこにも、実によく似た話があることですね。

河合　それは、基本的なところになってくると、人間の心に共通の点があるからではないでしょうかねえ。そこをつかんだ話ほど、骨みたいに残るわけです。

「こぶのある兄弟」は日本の「こぶとり爺さん」にそっくりだし、「銀の鼻」には、見ることを禁じられた部屋というのが出てきます。それから、ぼくが明恵上人の研究をしていたら、『華厳宗祖師絵伝』[25]というのをまとめているんですね。義湘と元暁という韓国の僧の事績を絵にしたものです。それによると、二人は七世紀半ばに中国へ渡っていこうとするんですが、元暁は途中でやめるんですよ。別によそなんかへ行かなくていい、内的なことが大事なんだと。それで帰ってくる。義湘は向こうまで行きます。「二老人」はこれとそっくりですが、意図的じゃないところはおもしろいですね。

長田　民話の最大のテーマは、どんな残酷な話であっても、幸福とは何かということだろうと思う。

河合　トルストイなんかは特にそうですね。

長田　トルストイは「三人の息子」のなかで、「幸福はすなわちわれらの生活である」と言っています。いま二十世紀のおしまいまで来て、心の平和を失って変わり果てた者たちがいっぱい出ているいまこそ、心を壊してしまった者たちがどうやって自分を回復するかという昔話、民話のテーマが求められているというべきかもしれません。

---

(25)『**明恵　夢を生きる**』河合隼雄、京都松柏社(→119頁)

河合　「小さい悪魔がパンきれのつぐないをした話」は、簡単にいえば金持ちにしてやったためにむちゃくちゃになるんですからね。現代も豊かになってからいろいろ困ったことが起こるわけです。これなんか、このままいまの時代にあてはまります。

長田　世界のあちこちに地域紛争が吹きだしてきた今日の世界は、まさに「火を粗末にすると――消せなくなる」という話のとおりで、それ以外何ともいいようがない。

生きた人から生きた人へ話をする

河合　昔話をしらべている小澤俊夫さんに聞いたんですけど、田舎へ行って、おじいさん、おばあさんに「昔話を聞かせてくれ」というと「いや、われわれのは間違っている。本当の話はＴＶでやっている」と。そこで「そんなことはない。あなた方が覚えたのが本当で、それが聞きたいんだ」というと、大喜びで部屋を掃除して、ちゃんと待っていてくださるそうです。

長田　昔話の魅力は、もとの話を語り手が自由にデフォルメして、再話することから生まれる。ところがＴＶにはその語り手の魅力がない。

河合　語り手の人間味がなくなるんですよ。不思議ですねえ。やっぱり生きた人から生きた人へ話をするというのは迫力があります。

たとえば絵本でも保育園の先生が開いて読まれると、子どもはものすごい真剣に聞いている。同じことをＴＶでやっても、子どもはそれほど真剣にならない。話いうのは、「むかしむかし」というところでぱっとよその世界へ行くわけでしょう？　それは連れていってくれる人がいないといけない。

長田　普遍的なものを個別的に語ることができなきゃいけない。

河合　そうです。もとの話がすごい普遍性を持っていて、ちょっと味つけみたいなことをしてやれば、すっと相手の心の中へ入っていく。

長田　化け物、魔物、竜、オオカミ、そういうものも、ＴＶではまず形になって出てくる。それもごく類型的に出てきてしまう。それは想像力にたいする違反なんです。

河合　イメージを先に提供すると想像力がそがれてしまう。もっともっと親が子に、おじいちゃん、おばあちゃんが孫に、ＴＶなんか幾らあってもいいから、話をすればいい。いや、ぼくはほんとに、もうちょっと歳がいったら語り手になってしゃべり歩こうかと思うくらいです。

12　クローディアの秘密／魔女ジェニファとわたし／足音がやってくる／めざめれば魔女

秘密は自分の個を見出すもの

長田　E・L・カニグズバーグの『クローディアの秘密』(26)と『魔女ジェニファとわたし』(27)のなによりのおもしろさは、「秘密」というものの大事さが書かれていることです。ふつうは秘密をもってはいけないというところから教育が始まると考えられやすいんだけれども、ほんとうはその逆。

河合　題に「秘密」が入っているだけで、子どもは買いたくなるものですが、作者は秘密をもつことの意味をそうとう語らせています。その点で画期的だったんでしょうね。

長田　人は秘密をもつことによって自分の個を発見するというのが、作者が送っているメッセージですね。秘密は「隠すもの」ではなくて、「見いだすもの」なんです。

河合　言いかえれば、こっそりお金を盗むというような秘密は、あまりにもありふれたことなので、個にならない。個になる秘密というのはたいへんなんです。子どもはその秘密を大事にして、ある意味ではそれが秘密でなくなるような体験のなかで大人になっていくというか、もうひとつ成長するわけです。

長田　クローディアも魔女ジェニファも、非常に本が好きですね。本そのものが秘密なんです。

河合　本というのは、わーっと読んでいたら、秘密は発見できないんですけれども、彼女たちは秘密を発見しようという態度をもっていて、それが本を読むことによって鍛えられていますね。

長田　本が心の地図になっている感じです。どちらも、ストーリーがおもしろいというだけではなくて、本というのは人にとってとても大事な秘密が置かれているものなんだよと、教えてくれる仕組みをもっている物語です。

それと、『クローディアの秘密』ではメトロポリタン美術館という公共建築物、『魔

---

(26)『クローディアの秘密』　E・L・カニグズバーグ作、松永ふみ子訳、岩波少年文庫

(27)『魔女ジェニファとわたし』　E・L・カニグズバーグ作、松永ふみ子訳、岩波少年文庫

女ジェニファとわたし』ではハロウィーン祭りという公の行事が、子どもたちに夢を見させる場所になっている。それも魅力ですね。

河合　現代の子どもたちは、物があるとか、便利な世界にいるとかいう点では恵まれているようでありながら、そのために秘密がもちにくい。その点ですごく悩んでいるんだということも上手に書いています。

スケールが違う家出

長田　ひとが探すところとはちょうど正反対のところに、実はほんとうに探しているものがあるという書き方がつらぬかれているのが、カニグズバーグの魅力です。魔女ジェニファなんていうのは、要するに何でもない女の子でしょう。何でもないものを大変なものにできるのが「秘密」の力なんです。

河合　エリザベスはそれをもっていますね。

長田　そうして、家族が物語に参加してくる。それも単に親子だけじゃなくて、兄弟姉妹、おじさんおばさん。それから近所の人。さまざまな人がすすんで物語に参加してくる。もちろんいろいろトラブルが生じる。けれども「秘密」の発見が、そのままコミュニティの発見にもなっていくんです。

河合　ものすごいパラドックスなんだけど、普通、秘密をもつと、さっきのたとえだと、自分が盗んで、黙っていると、それも個ということを発見するためにある程度役に立つときがあるんだけれども、下手をすると、人との関係が切れて危なくなる。ところが、ここで語られている秘密は、人に言わないんだけど、家族やコミュニティとの関係にうまく広がっていく性質をもっている。

長田　『クローディアの秘密』には、子どもに家出されたら親があわてふためくというような場面が、最後までありません。作家が家出という行為にあたえている意味がまったく違う。

河合　そういう点で、カニグズバーグという人にはなんとも言えないハイカラさがありますね。日本では、家出すると、まず、ひもじいとか、雨が降って死にそうになるとか、暗いものと結びつきますが、こっちはメトロポリタン美術館へ行っているんだから、スケールが違います。

長田　つながりを回復するという新しい「秘密」を、カニグズバーグの物語は読者に差しだしている。

待っているよりしょうがない

河合　マーガレット・マーヒーの『足音がやってくる』[28]と『めざめれば魔女』[29]の場合は、それをもうひとつ飛び越えて、ほんとにファンタジーの世界へぼかーんと入っていきますね。

長田　カニグズバーグの「秘密」に当たるキーワードが、マーヒーの「魔法」。しかしそれは、人をたぶらかすものではない。やはり、つながりの発見なんです。

河合　社会へ出ていくときに、個を失ってしまったら、そのなかにべたーっと入り込んでしまいます。個というものをもって社会のなかに入っていかなければならない。そんなことは魔法を使わなければできないわけです。個といいながらみんなとつながるというのは矛盾ですから。ふつうは、大人になれないから、困って、子どもの世界に逃げこむのが魔法だと思われていますが、まったく逆です。

長田　そうなんです。魔法は逃避ではなくて、より豊かに社会あるいは世界に参加できる方法なんですね。『足音がやってくる』のトロイという女の子は、最初のうちは物語の外にいる。ただただ暗くて、ノイローゼに悩まされているような女の子なんですが、最後に、自分が魔法使いだと言うことで、みんなのなかへ出てくる出口を見つけるでしょう。

河合　あれはほんとにうまいと思います。

長田　いちばんおかしいのは、世界最高の小説を書いていると常日頃口にしている女の子。その子が物語では一人とりのこされて、「あたしだけが相変わらず平凡だわ」とぼやく。彼女が小説を書いているのは、想像力がないから。小説家は想像力がないから小説を書くんだって、初めて知った(笑)。

河合　ぼくが小説を書けないのは想像力がありすぎるからだ(笑)。

長田　『めざめれば魔女』の、幼い弟が取り憑かれたもののなかから、やっと助けられて出てくる場面は、いいですね。主人公の姉に、お姉ちゃんが「がまんして！」って言ってくれたから、じーっとがまんしてた、そしたらお姉ちゃんがきて、真っ暗いとこから出してくれたんだと、言うでしょう。表現があたえられるのをじーっと待っているという幼い子どもの感じが、実にたくみにとらえられている。

河合　ほんとに表現というやつがくるまでは、待っているよりしょうがないんです。

長田　世界のどこでも子どもたちは同じものに悩み、同じものを楽しんでいる。子

(28)『**足音がやってくる**』マーガレット・マーヒー作、青木由紀子訳、岩波書店

(29)『**めざめれば魔女**』マーガレット・マーヒー作、清水真砂子訳、岩波書店

どもというのは本来、だれよりも普遍的な存在なんです。

13　シャーロットのおくりもの／はるかなるわがラスカル

友達はすぐそばにいる

河合　E・B・ホワイトの『シャーロットのおくりもの』[30]は、上野瞭さんから薦められていたんですが、読んでみたらやっぱりなかなかの名作ですね。

長田　アメリカの人たちはたんへん好きな物語ですね。歌にもうたわれて、ヒット・ソングになったくらいです。

河合　一種のファンタジーではあるんだけど、動物の姿がすごくリアルに書けている。そのまぜぐあいがほんとうに巧妙な話です。

長田　この物語が書かれた二十世紀の半ばころまでは、アメリカの暮らしの基本にあったのは農業。豚、クモ、牛、犬、羊、ネズミ、ガチョウといった非常に身近な動

---

(30)『シャーロットのおくりもの』E・B・ホワイト作、鈴木哲子訳、法政大学出版局（後に、さくまゆみこ訳、あすなろ書房）

物たちと、人びとは一緒に暮らしていた。

河合 そして、そういうすぐそばの世界が、全部ささえあっていた。

長田 主人公がクモであるということは象徴的です。この物語の時代の後、DDTが登場するんです。

河合 それで変な虫が駆除される。

長田 一緒に暮らすものとしての動物が消えていく。

河合 同時にくさいにおいも放逐されてしまうわけですね。

長田 『シャーロットのおくりもの』は農業が生活の基本であった時代に動物たちが人びとにどういう贈り物をくれたかという物語であるとともに、その時代への挽歌になっている。

物語の底に慈しみと優しさがあるんです。この物語を読んだら、誰だってきっとクモを殺したりなんかできなくなる。

河合 クモと豚の取り合わせというアイデアが成功していますね、犬と猫とかではなくてね。

長田 日常にあって豚はとても親しく近い存在感をもってる。一方、クモはとても小さくて、ごく近くにいるのに気づかない。そういう豚とクモのあいだの友情がどうやって生まれたか。

孤独な豚のウィルバーは、クモのシャーロットが呼びかける声を聞きながら、そこにいるクモをなかなか見つけられない。この物語は、よく気をつけて見れば、友達というのはほんとうはきみのすぐそばにいるんだということを気づかせてくれる。

河合　そうですね。見つかれば友情を結べるんだけど、そうでなければ、まったくはたにいながら、こちらは何の関係もないまま人生を終わってしまう。

大事なことを知っている問題児

長田　この物語のもうひとつの魅力は、動物たちだけで物語が進行しているように見えて、実は、ウィルバーを飼うファーンという少女がずっと立ち会っていること。

河合　普通、下手をすると豚とクモの物語になるでしょう。ところがちゃんと、人間の少女が入っている。けれども、またこんど、少女と豚の物語にはなってない。

長田　最初はウィルバーでさえ、シャーロットが虫を捕らえて食い殺すのを見て、嫌になる。だけど、クモは「わたし、血がだいすきよ」と、本当のことを言いますね。

いつもひとりで納屋へ行って、いすに腰をかけ、目を見開き、耳を澄ましているファーンは、それを家に帰ってお母さんに話す。「そんな、うそっぱち」と言われてしまうけれども、少女は物語の伝え手としての自分を裏切らない。そうして日常と物語をつないでいく。

河合　大人どもは自分のおしゃべりとかなんとかに忙しいから、すっごい大事なことが起こっているのを全部知らなくて、この子だけが知っている。だからこそ、せっかくのこの物語も皆に届けられるわけです。こういうのはいまなら問題児ということになりますね。

長田　子どもの伝える物語にいまは誰も耳をかたむけない。

河合　シャーロットが死ぬところまで入れていくというのはうまいですねえ。何もこれを入れなくても話は成立するわけです。クモは豚を助けて終わりと。それをしなくって、クモはちゃんと死んで、次の子どもが生まれるという自然の摂理をきれいに入れ込んでいる。

長田　最後までほんとうのことをまっすぐに書いていくんです。

河合　それはアメリカの一つの基本的態度みたいなものです。いい話をしながら、センチメンタルにならないようにする。それを食いとめるためのリアリティを出してくる。

触れることによっていやされる

河合　人間と自然が一緒に存在していた感じは、スターリング・ノースの『はるかなるわがラスカル[31]』にもよく出ていますね。

上手なのは、第一次大戦のことをちらーっちらーっと書いている点です。それがものすごく効いています。

ぼくらも、子どものころは兄貴が戦争にいったりとか、戦死した人の遺骨が英霊と呼ばれて帰ってきて慰霊祭が行われたりとかいうことがありましてね。悲しい気持ちを味わいながら、わーっと田んぼへ出ていったら、もう忘れて、自然に溶け込んでいく。軍隊の不気味な足音はずっと鳴っていて、それがどんどん大きくなる。

長田　それが河合雅雄さんの『少年動物誌[32]』の世界ですね。『はるかなるわがラスカル』を読んでいて、ぼくが思いあわせたのも、『少年動物誌』でした。『はるかなるわがラスカル』とともに、ぜひ読んでほしい本です。

---

(31)　『はるかなるわがラスカル』　スターリング・ノース作、亀山龍樹訳、小学館ライブラリー

(32)　『少年動物誌』　河合雅雄著、福音館書店

『はるかなるわがラスカル』の主人公には、お母さんがいない。だけれども、自然の中で母を感じることができる。川をボートでさかのぼりながら、生前の母親が生命の進化を説明してくれた後、「だからといって、神はいないということではないのですよ」と言ったことを思い出し、母がすぐそばにいるという感覚に深くとらわれる場面はうつくしいですね。自分をつつむように広がっている風景に、主人公の心がゆっくりと癒されていく。

河合　あの自然描写には感激しました。

長田　動物と共に生きることが、どうしてこんなにも子どもの気持ちを生き生きとさせていくか、考えますね。

河合　いまは、特に学校へ行かない子で動物が好きな子は多いですよ。アトピー性皮膚炎で、自分のことはもちろん嫌だし、汚いものは困る困ると思っている子が、汚い犬がかわいくて抱き締めるんですよ。それから変わっていくわけです。

長田　動物と友達になるというのはさわることの回復なんですよね。

河合　そう。そして、さわること、触れることによって、癒される。

長田　恋愛もさわることです。手をつなぐ。キスをする。セックスをする。触れる行為ですね。触れ合いというのは本来汚れ、におい、その他が全部入っている。

『はるかなるわがラスカル』には、お互いがつながっているということの回復があります。しかし、あらいぐまのラスカルは、けっして野性を失うことがない。

河合　ラスカルに周りの人がいろいろ文句を言いにくるでしょう。あれは特に牧師の言い方がおもしろいですね。しかし、最後はやはり別れるでしょう？　すごいですねえ。

長田　北の森に連れていって、森へ返す。するとラスカルはたちまち別のあらいぐまと走り去って、少年と別れる。

『シャーロットのおくりもの』も、最後に少女は豚のウィルバーと別れる。必ず動物との別れがある。別れによって子どもは、自分の生き方を知っていくんです。

14　たのしい川べ／ムギと王さま

妙につじつまを合わせない

河合　ケネス・グレーアムの『たのしい川べ[33]』はなかなかおもしろい本ですけど、こういうふうに動物を擬人化した世界と人間世界が交わるというのは、珍しいのではないですか。

長田　話はひっちゃかめっちゃかで、ちっとも構成が整ってない。だいたい主人公がだれかだって、そのつどさっと変わっちゃう。しかしもともと、子どもの本は夜、お話をつくりながら聞かせるというのが原形ですから、逸脱また逸脱こそが、物語の本来の姿なんです。

河合　妙につじつまを合わせず、「おもしろかったらええやないの」というようなもので、堂々と語っている。

長田　その場の勢いで物語を紡いでいく。ヒキガエルが洗濯ばあさんになりすまして脱獄したり、まじめに考えたら、およそとんでもない話が次々にとびだしてくる。

河合　絶対起こりそうもない話の連続だけど、そんなことは、もう全然問題外にしている。

長田　のどかな田園の物語と思いこむと、大間違い。いきなり最新型の自動車が出てきたり。

河合　でも、田園的な要素も、そうとう入れてありますね。

長田　動物たちは、動物たちの生態にのっとって、実にきちんと書かれていますね。そして川があり、森がある。街道がある。イギリスの生活を成り立たせてきたものがひとつひとつ、きちんと書き込まれている。

河合　これはぼくは、お父さんが初めは田園の物語に力を入れているけれども、話をしているうちに、子どもと一緒に、だんだんにヒキガエルが好きになっていったんじゃないかと思うんですよ。それで、あんまりおもしろいから、ヒキガエルが活躍しだしてとまらなくなるんですね。

長田　話が進めば進むほどどんどんひどいやつになっていく。それがまた、愉快なんですね。

(33)『**たのしい川べ**』ケネス・グレーアム作、石井桃子訳、岩波書店

河合　憎めない。

長田　たぐいまれなキャラクターですね。ピカレスク(悪漢小説)、逸脱小説はイギリスの文学のお家芸のひとつです。これだけ嫌なやつが好きになれるような物語は、子どもの本にそうそうはないと思う。

河合　自分もちょっと悪いことをやってみたい。だからこれは、子どもにとっては、ほんとによい本です。

読み手の五感を刺激

長田　パンの神(牧神)が出てくる場面は、実にいいですねえ。

河合　ぼくも、ものすごく好きなんです。

長田　動物たちがボートで川を上っていく。ネズミには遠い笛の音が聴こえてくるけれども、モグラには聴こえない。ただ風が吹いていくだけ。しかし、その風の音のような笛の音に誘われるように、流れの中ほどにある小島に上がると、そこに牧神がいる。とても不思議にみちた場面なんですが、印象的。

そのときネズミとモグラの目を、太陽が射る。くらんだ目がはっきりしたとき、ネズミもモグラも目にしたことをすべて忘れている。すべて忘れてしまうんだけども、感覚がとってもきれいになっている。

河合　すばらしいですね。

長田　この物語には読み手の五感をめざめさせるものがあります。

河合　それはもう、あらゆるところに出ています。

長田　アナグマが象徴的なんですが、なかなか出てこない。森の真ん中に住んでいるが、交際嫌い。

河合　森に入ったネズミとモグラは突然の雪で道に迷ってしまう。迷うことによって初めてアナグマのところへ行けるわけです。

長田　道に迷ってはじめて出会えるアナグマの存在が、この物語の芯になっていますね。

河合　アナグマの森は人間が昔住んでいて、滅んだ跡なんです。

長田　昔の話だと思って読んでいると、そこでひっくり返される。突然、もしかしたら人間がいなくなった後の未来の話なんじゃないかと思えて、どきりとする。人間の奪った森の時代の夢が、アナグマの森にはもう一度もどってきている。

二十世紀の経験が入っている

長田　われわれは今日どんな話をもっているんだろうかということをしみじみと考えさせられるのは、エリナー・ファージョンの物語集、『ムギと王さま』[34]です。

たとえば、「《ねんねこはおどる》」という物語で、女の子がおばあさんに話を聞かせてあげなければならない。で、「ぬかして話しちゃいけないよ。」と言われて、話すのがこれ以上はないような短い話。「むかしあるところに、**大男**がすんでいました。その**大男**には、**頭が三つ**あって、**シンチュウのお城**に住んでました！」それだけの話。「すこしぬかしたんじゃないかね？」「ちっとも」。おしまいのない話なんです。

河合　ファージョンという作家も、とっても話好きだったようですね。種類のまったく違う話をつくっています。

長田　「七ばんめの王女」という物語なんかも結論がない。関節が外れたようなところがあって、そのすっとぼけた味わいがいいですねえ。

河合　イギリス風の皮肉が何とも言えません。

長田　「コネマラのロバ」という話なんかにしても、現実が信じられない、まったくのほら話です。

河合　ぼくは「ヤング・ケート」という話が好きです。ほんとにいい話だったですねえ。ぼくらは「カウンセラーは心を開いて話を聞かないかん」というんですが、それにすごくぴったりなんです。

要するに、心の開いてない人は《みどりの女》とか《川の王さま》とかに会うと怖いわけですよ。そこで、変なやつに会わないように会わないように、いつもかんぬきをかけて、建設的な仕事をしている。だいたいの人はそうなんです。

ところが、ケートだけはぼわーっと出ていく。おもしろいのは、そうやって《みどりの女》とか《川の王さま》に会うて、むちゃくちゃにいいことがあるわけではない。しかし、世界がすごく広がるということです。花とか歌とか踊りとか、現実生活に役に立たないものばっかりなんですけれどもね。

長田　「むかしむかし」という話は何もないところを守っている番兵の話。そこには昔、美しい花が一輪咲いていた。今は枯れてなくなっちゃった。なくなったけれども、命令だから番兵はまだ守っている。なくなったものしか、いまでは守るものがないんです。

---

(34)　**『ムギと王さま』**　エリナー・ファージョン作、石井桃子訳、岩波書店(後に、『ムギと王さま』『天国を出ていく』岩波少年文庫)

河合　不思議な運命をたどる人形の物語である「サン・フェアリー・アン」も、なかなかいい話ですね。大人が「もう、こんなもの、つまらんやないか」というものでも、子どもにとってはものすごく大事かもしれない。

長田　最初に人形がなくなるのが第一次大戦中、次が第二次大戦中であって、その名前の「サン・フェアリー・アン」は「どうでもいいさ」という意味の俗語なんですね。どうでもいいものが、実はとても大事なものである。

大事なものをどうでもいいものにしてしまった二十世紀という時代。その経験が『ムギと王さま』にはものすごく入っています。話のほとんどはハッピーエンドにならない。

『ムギと王さま』には悲しみがあります。しかしそれは、二十世紀のもたらした悲しみなんです。

15　指輪物語

怖さが波のように来る

河合　ともかく圧倒されましたね、J・R・R・トールキンの『指輪物語』[35]には。

長田　たいへんな大長編。しかもこれだけ長くてまったく飽きさせない。しかも読んでいて、背筋がぞーっとする怖さが、ときどき波のように襲ってくる。ファンタジーであって、ディテールがじつにリアルですね。

河合　ファンタジーだけども、エンデの『はてしない物語』なんかとは、ずいぶん感じが違います。何か史実を書いているような筆致がある。

長田　まるでずっと昔の先史時代の物語のようだけれども、実はこの物語のまえに、もう人間はいた。人間は昔ここにいたけれども、エルフたちとはもう意思コミュニケ

(35)『指輪物語(全9巻)』(旅の仲間1〜4・二つの塔5〜7・王の帰還8〜9)　J・R・R・トールキン作、瀬田貞二・田中明子訳、評論社(文庫版)

ーションできなくなって、悪しき民になった、と。

遠い遠い未来の歴史の物語を先取りしている物語でもある。

河合　まあしかし、この人はおもしろかったでしょうね、こういうのを構築して。これだけの立体的な構築力というのは、なかなか日本人にはもてません。

長田　今日わたしたちが『三国志』を楽しんで読むように、二十五世紀ぐらいの人が楽しんで読むことができるだろう物語ですね。

河合　ぼくはこんど読んでいて、子どものときに読まなかったことをたいへん残念に思いましたね。

長田　河合さんが子どものときはまだ出てなかったんですね。

河合　うん、出てないから。子どもだったらほんとに物語の中へ入れますからねえ。うちの息子たちなど、もう読んで感激して、よく「ガンダルフ、ガンダルフ」なんて言って遊んでましたよ。大人になってからでは、完全には物語の中に入れないんです、どうしてもね。子どものときに読んでいたら違ってくる。そういうすごい物語ですねえ。

第一次大戦の体験と森

長田　「著者ことわりがき」によれば、この物語は第一次大戦の経験に基づいているという。第一次大戦が二十世紀の世界にもたらしたもの、そしてそれから二十世紀がどういう時代を経験することになったかを、これだけ深く文学化したものはちょっとないと思う。

トールキンが生まれたところは南アフリカで、小さいときに父親を失って、イギリスに帰って、母親の熱心な教育を受けるんですが、十代でその母親も亡くなる。学校に行って、やっと親友ができるんですが、親友のほとんどは第一次大戦で死ぬ。『指輪物語』にはそうした喪失感が大きな影を落としている。

河合　エルフとかドワーフとか、いっぱい出てくるのも、やっぱり第一次世界大戦の体験でしょうね。いろいろな国が一緒になって戦った。思わぬことで仲間同士けんかしたり、全然わけがわからなくなったりということがあった。

長田　オックスフォード大学にすすんだときに第一次大戦が起こって、応召して将校になる。そしてヨーロッパ、西方の世界というのが壊れるかもしれないとの危機感を覚えるんですが、戦場で大学へ行っていない兵士たちを初めて知って、人間として偉いのは彼ら兵士のほうだということをとことん思い知るんですね。『指輪物語』でもっとも重要な役割を果たすサムは、そうした兵士たちが複合的なモデルになっている。
トールキン自身、第一次大戦最大の激戦といわれたソンムの戦いに従軍している。しかし病気に襲われて後送されて、イギリスに帰されている。この物語でいえば、ピピンというのがトールキン自身の立場にいちばん近いんじゃないかと思う。

河合　だけど、この物語は第二次大戦に重ねたって、完全に読めますね。

長田　ヴェトナム戦争の時代のアメリカでも、ヴェトナム戦争に重ねてものすごく読まれました。危機の時代の物語なんです。ですから、時代が危機に直面すると、ものすごく切実に感じられてくる。今また『指輪物語』がとっても切実になってきているように思います。この二十世紀の世紀末もまた重ねて読むことができるんじゃないでしょうか。

河合　できますね。

長田　『指輪物語』のもうひとつの重要な背景は、森です。この物語はつねに森をめぐって展開される。なかでも年老いた森の精というべき「木の鬚」は魅力的ですねえ。

河合　怖いのは、メリーとピピンを割れ目に閉じ込めてしまう柳。恐ろしい木です。

長田　この物語の舞台となる「中つ国」というのはわたしたちの世界のことですね。

森が失われて、人が生きられなくなる恐ろしい場所が、「中つ国」なんです。

河合　ロスロリアンという美しい森へ行くところがありますね。あそこの奥方がすばらしいんだけど、「あるべきようにあることを」と言うので感激しました。これ、明恵上人の座右の銘なんですよ。ちょっとニュアンスは違うんですけどね。

明恵が自分たちの座禅をする堂のいちばん上に直筆で書いた言葉が、いまでも残っていますが、それは「あるべきようは」というのです。このロスロリアンの奥方とケレボルン王はわりあい東洋的な考え方を持っていますね。

長田　森の中に隠者のように生きるものたちが、物語において生き方の価値を荷っている。そうした生き方の価値を物語のなかに引きだすのが、この物語の大黒柱となる大魔法使いのガンダルフです。

せっかくの指輪を捨てに行く

長田　『指輪物語』で、物語の分かれ目となるところは、つねに分かれ道ですね。分かれ道のどっちへ行くか。楽な方向へ行くか、困難な方向へ行くか。

そのとき、物語の主人公であるホビットたちは、いつでもあえて自分たちにとって困難な方向を選ぶ。希望というのは、困難な方向の先にしかないんですね。

河合　それは心理療法のプロセスとそっくりです。結局、患者さんは何とかして楽なほう、何とかして解決のあるほうをと思うんだけど、ぼくらは何とかしてしんどいほう、何とかして危険のなかに飛び込むほうにずっとついていくわけでしょう？

　戦いに勝って、宝を得ることではないんですね。せっかくの指輪を捨てに行くわけです。だから、彼らはいわゆる勇士ではない。戦いに勝って指輪を獲得して終わりならわかりやすいんですが、『指輪物語』はそれと全然違うことを書いています。

　分かれ道でどっちへ行くのか、本人もわからないんだというところが何度も出てくる。それがほんとうの旅だと思うんですね。答えがないところへ出ていく。誰にとっても正しい答えがあるなどというばかなことはないわけです。人によってぜったい答えが違うんですからね。

長田　誇るべき力をもつ勇士たちが『指輪物語』にはさまざまに登場する。けれども、物語を引っぱっていくのは何の力ももたないホビットたち。しかしホビットたちは絶望することを知らず、どんなに切羽つまったときもいつでも軽口を叩いてはばからない。その「正直なばか」たち(トールキンの言葉です)に、名だたる敵も勇士たちもかなわない。

　では、『指輪物語』のほんとうの主人公は誰か。読み手がためされる物語ですね。

河合　激しい戦いがずっとあって、もちろんいいほうが勝つんですが、そこへホビットというのを入れて、勝ち負けじゃなく、すべてを支配できる指輪を捨てに行くということを中心に据える。『指輪物語』の、そこがすごいところです。

Ⅲ　絵本を読む

III

絵本を読む

「絵本」の読者は誰か

河合　絵本をめぐって、いちばん初めに考えるのは、絵本というのはどういう読者を狙っているのかということなんです。つまり絵本は、子どもが見るのか。子どもが見ておもしろいのもあるんです。しかし、これはどう考えても子どもが見てもおもしろがらないだろうというのがあるんです。絵本をつくる人の意識は、どうなんでしょうね。

長田　いつもそうなんですが、絵本を手にするときにつよく覚えるのは、絵本の読者というのは本当に子どもだろうか、子どもだけだろうかという思いですね。

絵本のありようというのは、たいていがまず、親が求めて子どもに贈る贈りものというかたちが元になっています。そういう贈りものというかたちを考えると、絵本を読むというのは、絵本を求めること、見ること読むこと、そして読んで終わりというんじゃなくて、それからもう一つ、その後ずっと取っておくという、三つから成り立っているというふうに思うんです。その意味で、絵本というのは一般にいう本というのと、本のあり方がちょっと違うように思うんですね。絵本のなかには、まったく文のないものもあって、絵だけで、読み聞かせといったこともできないから、黙って、ただ見るしかできないけれども、それが心にずっとのこって、いつか深いところで大きな影響をもたらすということがある。そういった本のあり方というのが、絵本の場合にはありますね。

絵本というのは、わたしたちにとっての本のあり方をふくんでいて本であるような、そういう本じゃないだろうか。そう考えると、絵本はけっしてただ子どもが読者である本というのではない。絵本はわたしたちにとってどういう本だろうかと考えるんです。

たとえば、日本でもひろく愛されてきたレオ・レオーニの傑作、『あおくんときいろちゃん[1]』。それは孫である子どもたちにせがまれて、偶然のようにつくったお話から生まれたんだそうですが、絵本の傑作のおおくはしばしば、自分の子どもに書くという、きわめて個人的な動機にはじまってるんですね。そのように、自分の子どもに楽しみを贈るというしかたで書く、それが思いがけなく世界中の子どもにいつか読まれる、愛される絵本になってきたということが、絵本という本のあり方の理想をなしてきたのではないか。そうすると、最初は自分の子どもに書く、あるいは描いているように見えても、書いて話しかけているときに、自分の子どもを通して見知らぬ子どもにも話しかけているということが、絵本のはじまりじゃないんでしょうか。

河合　ほんとですね。子どもの物語の本にも、自分の子どもに話したのがだいぶありますね。ミルンの『クマのプーさん』(2)もそうだし、リンドグレーンの『長くつ下のピッピ』(3)もそうでしょう。誰か一人の具体的な人物に話しかけるとか書くとかいうのは、すごく迫力があるんです。子ども全般ということを考えてつくると、おそらくだめでしょうね。

長田　子どもという抽象的存在ではないんですよね。

河合　そうそう。「子どもというもの」に書いたって、それはだめなんです。

長田　やっぱり傑作といっていいと思うエリック・カールの絵本、『はらぺこあおむし』(4)だって、たぶんこの青虫は、作者が目の前に見た実際の青虫ですね。それを描く。それがみんながそれぞれに知ってた青虫だったので、描かれているのは「青虫と

---

(1)『**あおくんときいろちゃん**』　レオ・レオーニ作、藤田圭雄訳、至光社

(2)『**クマのプーさん**』　A・A・ミルン文、E・H・シェパード絵、石井桃子訳、岩波書店

(3)『**長くつ下のピッピ**』　リンドグレーン作、大塚勇三訳、岩波少年文庫

(4)『**はらぺこあおむし**』　エリック・カール作、もりひさし訳、偕成社

いうもの」じゃないですね。どこまでも具体的な観察力からでてくる、喚起力というか。

河合　絵本の場合は、絵の表現力というのはすごいですよね。アイデアがあったとしても、絵がだめだったら意味がない。

長田　絵本の言語のまず第一は、文でなくて絵であるというのは、眠るまえに子どもたちにお話を聞かせる、そのための物語というのなんかと、絵本の物語というのは違う。目を開いて見るというのが基本にある絵本の物語は、眠り物語、眠らせ物語じゃないんですね。そこがもう一つ、絵本の際立っているところで、たとえば、今日とても親しまれるようになった絵本に、ガブリエル・バンサンの、「ある犬の物語」という副題をもつ『アンジュール』(5)という絵本があって、これは実は、文のまったくない絵本で、絵だけで、翻訳の絵本ですが、翻訳といっても書名と副題が日本語になっただけで、物語の言語である絵はそのままであって、しかも絵と言ってもまったく色を使っていないデッサンだけですから、じっと見るほかない。見ることが、すなわち読むということなんですね。

逆に、トミー・アンゲラーの『すてきな三人ぐみ』(6)なんかだと、絵本の物語の言語は、絵であると同時に、色ですね。色が語ってゆく。『あおくんときいろちゃん』もそうなんですが、色のもつ驚きが、そのまま物語の驚きになっているでしょう。色鉛筆とか、十二色のクレヨンとか、色紙とか、絵の具とか、色によって、世界というものを認識してゆく道具が、子どものときには、日常になくてはならない喜びとしてあったし、いまでもまだまだ子どもの世界にはある。

ユリー・シュルヴィッツの『よあけ』(7)という絵本がぼくはとても好きなんですが、『よあけ』でも大きな意味をもっているのは色であり、色のくれる驚きですね。子どもにとっては色の発見が、すなわち世界の発見であるというようなところがあるんだと思うんですね。世界は色をもっているということ。色はただ色であるだけでなくて、それがよろこびだったり、悲しみだったり、驚きだったり、感情ももっているんです。

河合　たしかに『よあけ』なんて、色が絶対的ですね。その一瞬というか、そこを描いていっているわけですから。

長田　『よあけ』は、後書きに、中国の柳宗元の「漁翁」――老人の魚釣り――と

(5)『**アンジュール――ある犬の物語**』　ガブリエル・バンサン作、ブックローン出版
(6)『**すてきな三にんぐみ**』　トミー・アンゲラー作、いまえよしとも訳、偕成社
(7)『**よあけ**』　ユリー・シュルヴィッツ作・画、瀬田貞二訳、福音館書店

いう詩をもとにしてつくった絵本というふうに書かれています。そのもとになっている柳宗元の詩は、岩波文庫の『中国名詩選』に入っています。「漁師のじいさんは、夜は西の岩蔭ですごし、夜明け方には清らかな湘江の水を汲んで竹を燃やす。もやが消えて日が出たと見る間に山と水の緑が現われた。もはや人かげは見えず、漁師のうたう船歌が聞こえるだけ。はるかに天のはてをかえり見つつ流れを下れば、岩の上から雲が無心に追ってくる」という詩なんですが、『よあけ』で主なのは老人でなくて子どもで、しかも絵本に描かれているのは原詩の前半だけ、山と湖が緑になるところまでですね。

河合　それで終わっていますものね。

長田　『よあけ』の作者はポーランド系の人ですが、この中国の古い詩を絵本にしてゆくときに、作者が何をどのように描くか、描いているかというところに、絵本の言語というものの特質が鮮やかにあらわれているように思います。話に、原詩の前半だけとる。そして、子どもを一人加えている。もう一つ、「竹を燃やす」場面がもとの詩にはあるけれども、絵本に竹は出てこない。そのかわりに、コウモリが出てくる。そういうふうに違いがあるけれども、古い詩の世界と新しい絵本の世界に深く共通しているのは、色を通して見るという世界のとらえ方というか、認識です。「山水緑なり」という、緑のとらえ方の具体的な感覚を通して、夜明けの感じを、はっとするような単純さのうちに描ききっていますね。

河合　パーッと緑になったところをうけとめている。子どもの場合は、そこをぼくらが考えるよりももっと新鮮にうけとめているかもしれません。

マイナスがプラスになる

河合　ガース・ウィリアムズの『しろいうさぎとくろいうさぎ』(8)は、色は白と黒だけだけれども、これはちょっと物語性がありますね。

長田　白と黒だけなので、絵がまるで心の中の文字のように生き生きと働きかけてくる。それが、非常に印象的ですが、『しろいうさぎとくろいうさぎ』は、「悲しい」ということから始まります。悲しいうさぎが出てきて、悲しいと言わないで「考えてる」と言うと、では「考える」ってどういうことかといったら、それは「一生懸命願うこと」だ、と。

(8)『しろいうさぎとくろいうさぎ』ガース・ウィリアムズ文・絵、まつおかきょうこ訳、福音館書店この定義の見事さが読むものに思わず知らずもたらすものは、とても新鮮な認識であり、驚きだと思う。

「悲しい」というのは「考える」ことだ、「考える」というのは「一生懸命願うこと」だ、「一生懸命願う」というのはどういうことかといったら、「本当にそう思うこと」だ、という。そこまでいって、ふっと、悲しみが消えるんですね、最後に。

子どもたちの問題について、悲しみを中心に置いて考えることの大事さを、河合さんはお書きになっているけれども、悲しみはいったいどうやったら消せるんだろうかということが、『しろいうさぎとくろいうさぎ』ほど見事に書かれている本というのは、そんなにはけっしてないですね。

河合　これは子どもがよくわかるみたいですね。「悲しいこと」は「考えていること」だというのは、子どもはものすごくよくわかるんじゃないですか。それから、「考えること」は「願っていること」だというのをイコールでつなぐのは、子どもにとって実感的にすごくわかるみたいです。

長田　大人が考えるといったら、まずむずかしい顔をするというふうになる。それから、願わないでじーっと考え込んで、不機嫌になる。

河合　「悲しい」と「考える」は、普通は全然違う分類に入っていますね。「感情」

「思考」「願望」というふうに漢字にしたら分類がまったく違うわけですが、それがみんなイコールになっていますね。『しろいうさぎとくろいうさぎ』は、初めは何となく不吉な予感がするんです。悲しんでいるから。何かちょっと悲しい話なんですが、いま言われたように、最後にパッと解けてしまう話になるでしょう。それもすごくうまいと思いましたね。

長田　子どもの本の特質をなしているのは、大人の世界ではマイナスとされ、マイナスと言われていることこそ、むしろもっとも大切な主題なんだという考え方であり、感じ方ですね。

シルヴァスタインの『ぼくを探しに[9]』というのはとっても人気のある絵本ですが、その主人公の「ぼく」は、何かが欠けているわけです。「きみは何か欠けてる」というのは大人の世界では欠点ですが、ここでは、欠けたものをもっているのでなければ、何も見つけることができないんですよね。

河合　ええ。それで、その欠けているかけらを見つけても、それがあんまりぴったりでも困る(笑)。

（9）**『ぼくを探しに』**　シルヴァスタイン作、倉橋由美子訳、講談社

長田　結局、ぴったりおさまっちゃうと、それでおしまいになってしまうから、「ぼく」は欠けた「ぼく」のままでいないといけないと思う。

河合　あれはなかなか味があると思いましたね。

長田　絵本は、物語にゴールがあってそこに到達するというんじゃなくて、ぐるっとまわって最初にもどる。けれども、最初と状況は違わなくっても、もうすでに自分は違った自分になっている。

自分が変わるというのが絵本の力で、モーリス・センダックの『かいじゅうたちのいるところ』(10)にしても、バージニア・バートンの『ちいさいおうち』(11)にしても、そうですね。さんざんなあげくに、最初に戻る。けれども、自分は違った自分になっている。

河合　『すてきな三にんぐみ』なんかでも、そもそも話の始まりは、三人組は泥棒なんです(笑)。盗んだ金をためていく。それが変わっていくわけです。

長田　立派なお話じゃなくて、どれもこれもろくでもないようなお話であり、普通にはよくないとされるお話であって、『あおくんときいろちゃん』にしても、色が混ざるのは濁るんだ、よくないんだというところから始まって、変わってゆく。『はらぺこあおむし』にしたって、過食症ぎみの青虫で、はっきり言えば食いすぎ(笑)。

河合　しかし、それも実感があると思うね、子どもにしたら。

長田　『はらぺこあおむし』の場合は、本のつくりからして、本の紙に穴があいているでしょう。本に穴があいているなんてとんでもないんで、穴があいている本なんて大人の本の世界にはまずないけれども、絵本は全然違うんですね。話がとびますが、穴がそこにあるというのは、子どもの世界への入口がそこにあるということじゃないかなって思うのです。

絵本じゃないんですが、子ども時代への入口として、そこに穴のあいている物語で憶えているのは、イギリスの作家グレアム・グリーンの物語(12)(「無邪気」)で、まだ少年のころ、大事なことを書きつけた紙切れを、生まれ育った田舎の小さな町の木の洞《うろ》の中に隠すんですが、それっきり忘れちゃう。町を離れたずっと後になってその町を訪

(10)『かいじゅうたちのいるところ』モーリス・センダック作、じんぐうてるお訳、冨山房(↓138頁)

(11)『ちいさいおうち』バージニア・バートン文と絵、いしいももこ訳、岩波書店(↓145頁)

(12)『二十一の短篇』グレアム・グリーン作、青木雄造・瀬尾裕訳、早川書房(後に若島正・田口俊樹他訳、早川書房)

ねたとき、その紙切れのことを思いだすんです。何を書いたか覚えていない。けれども、自分にとって非常に大事なものを紙切れに描いて、老木の洞に隠した。記憶をたどって探すと、その木があるんです。覗くとそこに、幼い自分ののこした紙切れが、そこにそのまま落ちている——という話なんです。手にとって広げると、それはワイセツな幼い絵で、大人になった自分をひどくがっかりさせるんです。こんなものが大事だったのかと。でも、そうじゃないんですね。「私は、あの絵をかきながら、独特の美しい意味をもったある物をえがいているのだ、と信じていたのだった。あの絵が猥せつなものに思われたのは、三十年の歳月がたって、心がすっかりけがれてしまったからにすぎなかった」。とてもいい短編として、記憶にのこっています。

河合　ほんとですね。

長田　日本でもそうで、昔は日常の風景のどこかに、穴があいていました。木には洞があったし、家々も節穴いっぱいだったけれども、いまは生活の光景のどこにも、全然穴があいていないですね。

河合　大体、障子に穴をあけるというのは、誰でもやっていた話でね(笑)。それで覗くという、あんな楽しいことはないのに、いまは穴があけられないでしょう。

長田　縁側の廊下の板の節穴の底には何か大事なものが落っこちているというふう

な話が、さまざまに随筆などにもありました。日常の風景のどこかに、穴があいてないと、子どもの世界への通路が見えないということがあるんじゃないかなって思いますね。穴をあけるとか、形をずらすとか、そういう抜け道みたいなものが、いまはなかなか見いだしにくくなってますよね。

河合　そうそう。

長田　日常の意識のどこかにふっと穴をあけるのが絵本の世界だと思うんですが、しかし、その穴をくぐりぬけていくのには、ほんとうは見えない穴を見つけないといけない。つまり、読む側がそこに自分の想像力を足していって、絵本の世界に自分から入りこんでいかないといけない。

河合　それが絵本を読む時のいちばんおもしろいところじゃないでしょうか。たとえば子どもに本を読んでやるにしても、読み手が何かをそこに加えたりすると子どもが喜ぶ。単に食べて穴があきましたというだけではなしに、「ガリガリッ」というようなことを言ってやると豊かになっていく。

長田　『はらぺこあおむし』のように、ほんとうに穴があいている本を手にすれば、子どもでなくっても、指とか鉛筆とか、突っ込みたくなるんですね(笑)。大人の本なんかも、哲学の本なんか、実際にちょっと穴をあけてみたらどうかなあって思いました。

河合　ほんとですね。破れたりして、「これは穴場だ」なんて(笑)。

長田　センダックの絵本に、本の端っこに、本文とまったく無関係に、ページをぱらぱら繰っていくと動く絵がずっとつづいているのがありますね。

河合　あります、あります。あれは何とも言えませんよ。パラパラと見たら、おもしろい。あれは何だったかな。

長田　『リアリー・ロージー』の歌の楽譜つきの絵本なんか、そうだったと思います。そうすると、表情や身ぶりが動いていって、本のなかに別の次元がひょいと生まれてくる。ポップアップの本があったり、塗り絵の本があったりというのが絵本の世界で、いろいろに可塑的だから、普通の本の世界とはどこか違うと、いつも思いますね。

河合　一つのシーンだけで、一つの物語にしようと思えばできるぐらいですからね。『よあけ』にしたってそうですし、センダックの『かいじゅうたちのいるところ』もそうです。『かいじゅうたちのいるところ』は、すごく有名だけれども、ほんとに傑作ですね。これは子どもが絶対喜びます。

長田　実はぼくは、あのかいじゅうたちの人形を持っています(笑)。とにかく足の裏のでっかいかいじゅうで、頭もすごく大きいんですよね。かいじゅうたちの表情を見ると、昔、シュールレアリストの絵で、森の絵がそのまま一つの大きな顔の絵になっている絵を見たのを憶えていますが、そういうのとおなじで、夜の窓の外の闇のなかには大きな顔があるというふうに感じます。風景は自然の表情だと思う。闇にグーッと近づくと、ああいう大きな顔のかいじゅうたちが、夜のなかから出てくるというような気がします。

河合　『かいじゅうたちのいるところ』の少年は、あれはお母さんに叱られるんでしたっけ。

長田　そうです。

河合　お母さんに叱られたときの子どもの心の中の反応というのは、あのぐらいのかいじゅうが暴れているんだと思うんです、ほんとに。こんなお母さんみたいなものに負けるかと思って、カーッとなる。

長田　その心の中のかいじゅうたちの、子どもは親玉になるわけですね。

河合　それで、かいじゅうたちのいるところからそのまま帰ってこなかったら大変なことになるけれども、最後は帰ってくるんですよね。帰ってきたら、ごはんがまだ温かいんだから、ほんの一瞬の体験なんだけれども、子どもの頃のその一瞬の体験なんて、みんな忘却すると思うんですが、センダックは憶えているんですね。憶えてて描くんだから、すごいと思います。

長田　かいじゅうたちにさよならしようとすると、「食べてやるから帰らないで」と言われる(笑)。「君を食べちゃいたいほど好きなんだ」と。でも、食べられちゃったらおしまいになっちゃう。ですから振り切って、帰ってくる。

河合　それも言ってみれば、親子関係がそうですよね。親というのは子どもを食べたいほど好きだからむちゃくちゃ怒ったりするんです。それで怒る時はかいじゅうになるし、うっかりしたらほんまに喰われてしまうわけでしょう。

長田　『かいじゅうたちのいるところ』はオペラにもなっていて、ビデオで見たことがありますが、センダックが猛烈に愛してやまないのがモーツァルト。センダックのかいじゅうたちには、モーツァルトの、たとえば『魔笛』の音楽はよく似合いますね。

河合　センダックの『まどのそとのそのまたむこう』(13)かな、モーツァルトが急にポコッと出てくるでしょう。途方もないところで。

モーツァルトで、ぼくがものすごく好きな言葉があるんだけれども、「交響楽を自分は一瞬のうちに聴いている」という言葉です。一瞬のうちに聴いているんだけれども、それを楽譜に書いたら二十分ぐらいの曲になる。センダックだって一瞬の体験でしょう。それが一つの本になるんですね。そういう点で、ものすごくわかるところがあったんじゃないかなという気がしますね。

長田　永遠よりも一瞬のほうが長いというふうに思えるんです。いまだって絵本なんかを見ていると。

河合　ほんとにそうです。

長田　永遠より長い一瞬の世界が絵本の世界で、記憶というのは人のなかに鮮やかにのこる一瞬ですね。いい絵本がいい記憶をのこすのはそのためですね。絵本のなかにはかけがえのない一瞬というのがありますね。『はらぺこあおむし』でも『よあけ』でも。

河合　そう言えば二つともそうですね。アンゲラーだって、言おうと思ったら、一瞬ですね。

（13）『まどのそとのそのまたむこう』モーリス・センダック作、脇明子訳、福音館書店

テーマは時間

長田　どんな絵本でも、絵本のテーマというのは、結局、時間なのではないかと思うんです。絵本のなかにあるのは、時間だと。バーバラ・クーニーの『にぐるまひいて』[14]という絵本は、とても惹かれる絵本ですが、話としては、ただ一年が循環するだけの話です。何でもないような一年が、しかし確実に過ぎて、みんな一つ歳をとる。何も変わらないんです。しかし人間は歳をとる。子どもの絵本には一年ものというか、一年という単位を区切って、みんな時間を生きているんだということを実感させる本が少なくないですね。

河合　子どもは『にぐるまひいて』に、そういうのを感じとると思いますね。自分の実感として得ていますから。

長田　それは、絵本の読み方というものにも、たぶん深くかかわっていますね。絵本というのは、読むだけならあっという間に読めちゃうわけですが、それで読んだということになるかというと違うんです。つまり、速く読もうと思えばこんなに速く読めるものはないんですが、きちんと読むとして、じゃ絵本は、いったいどれぐらい時間をかけて読むのが正しいか。絵本というのは、どうしたって時間のとらえ方になっていきますね。

河合　だからぼくは、よく言うんです。いちばん威張りやすいって。「おれは一週間に十冊読んだ」とか(笑)。だからぼくは、絵本をビジネスマンによくすすめるんです。「きょうは二冊読んだ」とか言えて、合間に読むだけでも、すごい意味がある。

長田　大人になったら、毎日の電車のなかでよろしく絵本を読むべしで、確かに、いい大人が電車のなかで絵本を読んでいたら、たいがいの人が目をむいて、何を読んでいるんだ、ときっと気になってのぞきこみますね。

河合　今度、行革会議に持って行こうかな(笑)。『かいじゅうたちのいるところ』なんて見てたら、みんな「おれのことじゃないか」と思ったりして(笑)。

長田　絵と同じで、アメリカの名だたるコラムニストが書いたことですが、名画というのはその前でいったいどれだけ立って見つめればいいんだろうと、ストップウォッチを持ってパリのルーブル美術館に出かけて行って、いちばん人が見にくるダ・ヴィンチのモナリザの絵のそばに一日立ってて、時間を測ったんです。それで、短かったのは日本人の観光客で三秒ぐらいだったそうですが(笑)、いちばん長い人で、モナ

---

(14)『**にぐるまひいて**』バーバラ・クーニー絵、ドナルド・ホール文、もきかずこ訳、ほるぷ出版

リザの前にいたのは三分だったそうです。

河合　三分といったら長いですよ。電車の中で『かいじゅうたちのいるところ』なんかずっと見ていたら、みんな、めくってほしいと思うでしょうね(笑)。「次、早く」って、みんな苛々して。

長田　「その次」の場面を求める紙芝居とおなじ要素が、絵本の世界にはありますね。ですから、絵本というのは一度読んだらおしまい、というものじゃないんです。

河合　そう。いい絵本だったら、何度も、何度もでしょう。

長田　自分の子どもが成長して、後に本だけがのこってみると、絵本だけは際立ってすごいんですね。本の背が接着テープでたくさん補修してあって。つまり何度も、何度もですね。本が壊れるくらい読んだのが絵本で、そういうことはほかの本にはまったくないですね。大人になって読む本になればなるほど、再読までの距離がずんずん遠くなる。ところが子どもにとっての絵本というのは、再読また再読。最後にはすっかり暗記するくらい。

河合　大体、憶えていますよね。

長田　憶えている。それでいて、また見る。また読む。そのおもしろさ。子どもの世界を確かにしてゆくのはリピート、繰りかえしだと思うんです。繰りかえしというのを、大人は軽んずる。大人の本はよほどのことでなければ読み捨てだけれども、繰りかえしということが本質にあるのが、徹底的に絵本ですね。だから絵本は、大きく頑丈にできている。

絵本との出会い

河合　ぼくの小さい時は、まだまだすごい絵本というのはないんですが、それでも講談社の絵本がものすごくハイカラだった。五十銭でした。『黄金丸』なんていうのを読んで、どんなに感激したか。

長田　絵本の経験には、どこかしらで時代体験が絡むんです。ぼくは昭和の戦争の後の最初の新制小学一年生で、戦争で親の元を離れて疎開してて、幼稚園を経験してないんです。絵本を初めて手にしたのは、ですから小学生になってから。絵本という本を初めて意識して手にしたのは、いまの子どもたちにもいちばん人気のあるバージニア・バートンの『ちいさいおうち』でした。

河合　そうですか。

長田　ぼくは福島市ですが、戦後の占領のとき街に公民館ができて、アメリカ文化センターというのがつくられて、そこの本棚に英語の絵本があった。それが絵本という本を知った最初なんですが、読めないんです、まだ英語を知らない小学生でしたから。だから、全然ストーリーを読んでいない。ただただ、絵を見ていっただけで、後にいまの日本語版が石井桃子さんの名訳ででますが、『ちいさいおうち』は文章なしでわかるんです。後になってもちろん文章も読んだけれども、絵本というのは文字を読むんじゃない。絵を見ていて、心に浮かんだものが文字になって出てくるだけだ。そのときのことを思いかえしてみて、本当にそう思いますね。

『ちいさいおうち』は、そこに行くといつでも見られた絵本だったんですが、小さな家が大きくなっていく大都市にのみこまれていくという『ちいさいおうち』の話は、今にして思えば、戦後の日本の姿そのままなんです(笑)。

河合 ほんとですね。

長田 そのとき全然読めなかった『ちいさいおうち』は、中学生になって英語が読めるようになると、今度は最初に英語で読んだ本になったということもあって、『ちいさいおうち』にはそれだけに独特の思い入れがあるし、どんな本よりもつよく影響された本かもしれないなあって思いますね。

河合 ぼくの場合は講談社の絵本で、文章が多いわけです。それに絵がつくようになったら、絵だけが新しかった。こんなすごい絵本はなかったです。

長田　〝ちいさいおうち〟というのは全然変わらないでしょう。周りがずっと変わっていく。それから、変わるものと変わらないものということについて、いつも考えるようになって、それが時代というものに対する自分の感じ方や態度というのを、どこかでつくってきたというふうに思っています。

周りがどんどん変わっていっても、変化のなかに変わらないものがあり、そして変わるものは変わらないものを通して変わっていく。政治が歴史のように考えられるけれども、いろいろどう変わっても朝があり昼があり夜があり、青虫は蝶になる。世界にはそういう変わらないものがあり、そこに大切なものがあるというのを、絵本は語りかける。そういうのを見ると、そうだと思うし、好きですね。意識していないでも、そういう感じ方が、重しのように、心のどこかにのこる。絵本の領分というのは、本当に大きいですね。

河合　すごいですね。簡単な絵本でも、幼稚園なんかで先生が絵本をめくってちょっと読むだけでも、子どもはむちゃくちゃ感激しますね。たいしたもんやと思いますよ。

長田　たとえば、『アンジュール』のような言葉のない絵本を、いま子どもたちが手にして見て感じることというのは、いまは言葉になっていなくても、時が経つにつれ、やがてそこに言葉が書き込まれていく、そういうものじゃないかなと思うのです。その人のうちに言葉を生むのが、絵本の経験というふうにも言えるんじゃないでしょうか。

なぜ絵本はそうなんだろうかと考えると、子どもはうるさくて賑やかな存在なんだけれども、どんなに元気な絵本であっても、絵本のなかにはどこかに静けさがあって、芝生や土に降る雨の音は激しくても静かなように、絵本は子どもの心のなかに、何か静けさの塊みたいなものをどーんとのこすもののような気がするんです。

河合 子どもは、絵本に熱中しているときはすごいです。完全にそこに入っているときは、すごい集中力がありますね。

長田 そのように集中力を求めるのが、ほかの本にない絵本の力でしょうか。

河合 そうですね。引っ張り出すというのか引っ張り込むというのか、すごい力があります。

―― 漫画との違いは、どうでしょうか。

河合 漫画の場合は、引っ張られるところが違うんじゃないでしょうか。

長田 漫画というのは、読む人がページを繰っていく速度が、ものすごく速い。先へ先へ、気持ちがどんどんいく。ですから、そんなに速くページをめくってどうするのかと言うくらい、さっさとめくっていきますね。絵本をあんなふうに速くめくっていくいったら、すぐ終わってしまいます（笑）。

――そうすると、同じ子どもでも、すでにそこで読み方が違っているということでしょうか。

河合　そうでしょうね、おそらく。

長田　子どもにとってのあり方がまったく違っていると思うんです。一概にはけっして言えないけれども、漫画を読むことはそこから意味を受けとるということだというふうに思います。けれども、絵本はそうではなくて、『よあけ』なんていい例ですが、おじいさんがそこで何をやっているのか、どうして子どもがそこで寝て夜を過ごすかということも、本当はよくわからないんですね。わからないから、読むことでそれに意味をあたえていくほかできないんです。その意味では、漫画は物語に隣りあっているわけですが、『よあけ』が中国の詩から着想を得ているように、絵本は「詩」に近いだろうと思いますね。

河合　それはそう思いますね。

長田　ですから、『アンジュール』のような言葉の絵本にしても、それは沈黙という言葉で書かれているので、言葉が書かれていないというのではないんですね。

河合　それも「詩」だと思いますね。だから、行間を読むことが大事なんですよ。

床にひろげられる世界

長田　ゆっくりめくっていくうちに、絵本が手がかりになって、自分のなかにどう言ったらいいかな、もう一つの時間ができていく。あるいは、読み終わって、時が経つうちに、やっぱり絵本が手がかりになって、記憶のなかにもう一つの時間ができていく。人生全体から見たら、絵本を読む時間、読んだ時間なんてほんのちょっぴりで、とうてい長い時間なんかじゃないのに、のこるのです。確かな時間として、そこだけはっきりした時間になってのこる。ですから本であっても、絵本によってのこるものは、絵画や音楽によってのこるものにずっと近いですね。

子どものとき絵本の世界とどういうふうにして付きあったか付きあわなかったかで、それから後の、人生の時間の寸法はずいぶん違ってくるのではないかということを考えるんです。というのも、絵本というのは結局のところ、物として大事なものというより、記憶として大事なものなんですね。取っておくといっても、その絵本そのものを取っておくのではなくて、その絵本の記憶を取っておく。記憶を取っておきたいのは、その絵本によって自分が得た大事な時間が、そこにあるということのためだろうと思うんです。

　絵本というのは、大きさもかたちも自由というか、いろいろでしょう。いまでもいちばん型にしばられない、あるいは型にしばられるのをいちばんいやがっている本は、絵本だと思う。実際、変なかたちの本もあって、本棚にもなかなか納まりにくいけれども、たぶん、それは絵本が横に置かれる本、置かれるべき本だからじゃないのかなあって、ぼくは思っているんです。日本の場合、明治以前、近代以前には、絵草紙なんかでも、本は日常のなかに横に置かれるものとしてあって、いまみたいに本が縦に立つのは、ものの本によると明治十年の『西国立志編』の合本あたりからで、まだ百二十年ちょっとなんです。いまだって、街の図書館にある絵本の部屋は、椅子でなく、床に坐って、本を床に横に置いて読むことができるようになっています。横に置くほうが、本は本として自由なんです。絵本は本来、横にあるいは床に置かれてある世界のものなんじゃないでしょうか。センダックの、ライオンが椅子に坐らされて本を読まされて、実に情けない表情をしている絵が思い浮かびます(15)。

(15)『ちいさなちいさな　えほんばこ(全4巻)』モーリス・センダック作、神宮輝夫訳、冨山房

河合　そういう点で言うと、ちょっと思いついたんだけれども、子どもの絵本で絵巻物はどうでしょう。ものすごく喜ぶかもわからない。ぼくは日本の絵巻物を見ると、パラパラと世界が広がっていくように感じるんです。あの感じ、ちょっと違うでしょう。子ども用絵巻物をやったら絶対いけるんじゃないかと思うんだけれども、どうでしょう。

長田　お経の経本みたいに、背のない幾重にも折りたためる本なんかも、おもしろいですね。子どもの本というのは、本のかたちまで問いかけるような本だと思うのです。センダックは、豆本みたいに小さな胡桃を思わす本をつくって、ナットシェル・ブックスと名づけています。考えてみれば、屛風の本とか壁掛けの本というのがあってもいいし、いまでも工事中の囲いに絵が描かれたり、人の顔のポスターにはきっと鬚がつけられたりというのだって、ある意味では街の絵本みたいなものですね。

絵本はもっとも日常のなかにある本なんですよね。ですから、絵本のありようには本のかたち一つとっても、すごく日常的な性格が入りこんでくるし、それだけに、絵という国境を自由に越えていく言葉をもっている。同時に、たとえばたいていの絵本の主人公がそうですが、とても地方的な性質も、頑固に合わせもっていますね。

河合　ぼくは、日本の絵本は国際的に通じるのがだいぶあると思うんですけど、児童文学で国際的に通じるのは、あまりないと思いますね。絵本はこれまでも世界の人に見られていたのです。さっき言われたように、絵巻とか絵草紙とか俳句とか俳画とか、そういう歴史をずっともっていたわけでしょう。そういうのに合うからか、日本の絵本はすごいのがありますね。実際に国際書籍市なんかにも出ている。

長田　絵本を大事にしているアメリカなんかだと、日本との違いは、いい絵本をきちんと品ぞろえして、郊外のスーパーマーケットで売っているんです。センダックもシルヴァスタインもシュルヴィッツも、たいていみんなそこにある。日本のスーパーマーケットには絵本はないですね。

河合　漫画はありますが。

長田　そうした絵本のあるアメリカのスーパーマーケットの風景というのは、いいですね。こっちに惣菜を売ってて、でかいハムを売ってて、あっちに絵本の棚があって、クーニーやアンゲラーの本がぽんとあったりします。

河合　そうですか。それは知りませんでした。

長田　そういうありようというのは、絵本は教養としての本という考えじゃなくて、子どもにとっての生活の一部という考え方からでているのではないかなと思えるのです。アメリカの書店だとバーゲンにもいい絵本がでてきますが、日本ではうっかりすると、絵本は子どもの生活の贅沢にとられかねないようなところがありますね。

河合　贈り物が多いと思うんです。高級なんですよ。ハイカラなおばさんとかが来たときにプレゼントにもらったとか、どうもそういう感じですね。

長田　アメリカの場合、絵本もペーパーバックがすくなくないんです。汚れて壊れてもかまわない。汚れて壊れたら、メンディング・テープなどで修理すればいい。自分の本なんだから。そういう本の付き合い方が、もっとあっていいんじゃないかなと思うんです。日本では、本好きの大人でも本の付き合い方に〝すまし〟がありますね。アメリカの郊外のスーパーマーケットにはごくあたりまえのように置かれてるんです、赤羽末吉さんや安野光雅さんの絵本も。

河合　あ、そうですか。

長田　もう一つ、アメリカで子どもの世界にかかわって身近なのはオーディオ・ブックで、聴く本は大人の本の世界でも非常に盛んですが、日本ではそうではないですね。CD(コンパクト・ディスク)はまだ入ってくるけれども、CDでもアメリカでは、子どものためのCDが大切な分野と見なされています。たとえば、グラミー賞という最大の音楽賞には、「子どものための語り」の部門があって、俳優のロビン・ウィリアムズはギタリストのライ・クーダーと組んだ語りで受賞し、あるいは女優のメリル・ストリープも語り聞かせのCDで、グラミー賞にノミネートされた。一九九七年に朗読で賞を受けたのはヒラリー・クリントンさんで、いま(当時)の大統領夫人です。

河合　日本にはないですね。

長田　クラシックの音楽なんかには、もともとショパン、ビゼー、ムソルグスキーからドビュッシー、バルトーク、さらにプロコフィエフ、ブリテンと一つの大いなる流れがありますね。「子どもの情景」「子どもの領分」「子ども部屋」「子どもの遊戯」、それから「ピーターと狼」というような子どもの世界が、音楽の根っこのところにあるわけです。音楽が、子どもたちの生活の一部としての文化であるという意識が、日常のなかにあるんです。ですから、ヴァイオリニストの五嶋みどりさんが子どものための演奏会をずっとつづける。あるいは、チェリストのヨー・ヨー・マとジャズのエリス・マルサリスが手を携えて、子どものための物語のCDをつくるということをする。日本でもずっとつづいているTVの「セサミ・ストリート」なんかまでふくめて、社会の考え方のなかにそういう感覚が活きていて、絵本の世界もその社会の一部をなしているように思います。

コミュニティをささえていく、なくてはならないものとして、子どもの本の世界が人びとの日常のなかに棹さしているんです。アメリカの作家のウィリアム・フォークナーは難解きわまりないと日本では見なされる作家の一人ですが、ずっと故郷の南部の小さな大学町に住んで、子どもたちにお話を、それもこわーいお話をして聞かせて親しまれて、子どもたちにとってはフォークナーは〝パピー〟とよばれる語り手だったと言います。その〝パピー〟のこわーいお話が姪の手で再現されて、故郷の町の小さい本屋から小さな本になって出ていて、それがびっくりしたんですが、日本でも訳されて出ています(『ローアン・オーク邸のゆうれい』)(16)。ただ物語は訳されるけれども、物語のありようをはぐくむものはどこまでも社会のありようなんですね。フォークナーのお話の本は、フォークナー自身の本ではないんです。そのときの子どもたちの記憶のなかに書きこまれたお話の本なんですね。そういうかたちで子どもの本が、絵本が、生活の一部になっていくことの大事さですね。

日本でも、昭和になって菊池寛のつくった「小学生全集」というのには、芥川龍之介なんかもくわわって、日常の文化としての子どもの本をつくるという意気込みがあったように思います。そのなかには今でもこれぞと言うのがずいぶんあるし、本のつくりも本棚にしまいこむためじゃなく、むしろ寝そべって読めるような感じの柔らかなつくりで。

河合 そうですね。

長田　子どもの本は、本棚の本というんじゃないんですよね。
河合　フロアーにそのまま広げて、子どもたちはよく見ていますしね。
長田　やっぱり絵巻物だ。
河合　岩波で思い切って一冊出したらどうですか。
長田　岩波から出た香港のお城の本(『大図解　九龍城』[17])なんか、別に子どもの本ではないけれども、言ってみれば絵巻物ですよね。大人にとっても、絵本というかたちが必要になってきているんじゃないですか。河合さん、新しい絵巻をお書きになりませんか。
河合　実を言うと、長新太さんに言われたことがあるんです。そんなもの、こわいから逃げましたけれども。「そう言うてもらったいうだけで、どんな光栄に思うかわからんけど、私は身の程を知っておりますので、それにはのりません」と言うたことがあるんです。私の兄(河合雅雄)はちょいちょいやっていますが、ぼくは絵巻でやり

(16)　**『ローアン・オーク邸のゆうれい──フォークナーのゆうれい話』**　ディーン・フォークナー・ウェルズ作、原川恭一訳、松柏社
(17)　**『大図解　九龍城』**　九龍城探検隊写真・文、寺澤一美絵、可児弘明監修、岩波書店

ますか(笑)。

長田　瀬川康男さんが文字を書き絵をつけた谷川俊太郎さんの『ことばあそびうた』[18]なんかも、最初の限定版は全部和紙。丸められるほど弾力があって、たたずまいが絵巻的でした。

河合　安野光雅さんの『平家物語』[19]の絵は完全にそうでしょう。あの人のを絵巻で出したらいい。

長田　そして、河合さんが物語を書く。

河合　いや、ぼくには創作するような力はないですよ。子どもの時から尻馬に乗るのは天才でしたから、誰かが何かしたらちょっと横から冷やかしたりとかね。それは自分でも天才的やと思うけど、いちばん初めに何か事を起こすという力はないです。それは、きょうだいの五番目やったということが大きいんですよ。自分がイニシアテイブをとって行動するいうことはないわけです。くっついて、兄貴がやったのを横から冷やかしたり、はやしたり。

長田　でも、子どもの本の本質は、採話であり、再話です(笑)。

河合　よし。それなら子ども用『平家物語』を、安野さんをそそのかしてつくろうか。

リサイクルの魅力

長田　いつのころからか日本では、子どもの本の世界が死角に入っちゃったようなところがあって、文学全集なんかからも、昭和の戦後からこっち子どもの本の世界がなくなった。芥川龍之介のような作家の場合も、小学生全集にその名で収められている「アリス物語」もとうに忘れられていますし、翻訳なんか特にそうで、北原白秋の『まざあ・ぐうす』[20]なんかも、戦後はずっと文庫にもなかった。いまある角川文庫に勧めたのは、たまたまぼくなんです。もう一つ、原民喜の『ガリバー旅行記』[21]の翻訳も、原民喜という作家を考えるとき無視できない。だけど、その本は誰も持っていなくて、原民喜の広島の甥が一冊だけボロボロの本を大事に持っていた。その復刻版を晶文社に勧めて、もう一度世に出たんです。原民喜のは縮訳版で、終わり方が変わっていて、とんでもないところでいきなり終わってしまう。いかにも原民喜ならではの

(18)『ことばあそびうた』谷川俊太郎詩、瀬川康男絵、福音館書店
(19)『繪本　平家物語』安野光雅絵、講談社
(20)『まざあ・ぐうす』北原白秋訳、角川文庫
(21)『原民喜のガリバー旅行記』晶文社／講談社文芸文庫

ガリバーなんです。

日常の感覚のなかから子どもの本の経験の蓄えがぽっかりと落ちちゃうと、絵本なんかの根茎である、人びとのあいだに伝わる物語を採話し、再話して、ぐーっと変形していく力というのが衰えて、ともすれば自己表現ということがすべてみたいな、危なっかしいことになる。そう思うんです。絵本と子どもの本の経験でもっとも大切でおもしろいこととぼくに思えるのは、そのなかに自分がいると感じられるようなお話、いいかえると、的確な言葉で自分についてちゃんと語ってくれるようなお話に出会うということじゃないでしょうか。どんなに古いお話でもその瞬間に、それは自分にとってまったく新しいお話になる。絵本や子どもの本の経験というのは自分からそのお話のなかに入っていったという記憶ですね。ぼくのなかにどかーんという感じでのこっているのは、親になってから子どもと読んだ絵本で、瀬田貞二さんの名訳で知られる『おだんごぱん』ですね。

一度、イソップ物語の同じ話が、世界のそれぞれの国でどれだけ違ったお話になったかということを書いたことがあるんです。ロシアの古典中の古典であるクルイロフの寓話も、もとがイソップなら、江戸を賑わした大岡越前守のいわゆる大岡政談もまた、かなりがイソップの換骨奪胎とされます。だけど、その換骨奪胎のなかで、古いイソップ物語がそれぞれにまったく独自のお話になっていくんです。

河合　それは何にお書きになったんですか？

長田　『感受性の領分』[22]という岩波の本に収めた「蟬と蟻」というエッセーに書いたんですが、最後に引いたのは、イソップのお話を自分の詩にすっぱり書きかえた堀口大學の傑作の詩です。おなじお話が、それぞれの国、それぞれの時代で、こんなにも違っていくということのおもしろさが、イソップ物語のもう一つのおもしろさだと思うんですが、子どもの本の世界をつくってきたのは、そういうふうにお話のなかに自分が入りこんで、お話がつくられていく、そういうおもしろさだろうと思うのです。

河合　ぼくがグループ研究でやっているのは、日本の昔話とグリムの昔話を高校生に聞かせるということです。それで一カ月後に、前にした話を書いてくれ、と言うんです。そうすると、みんな違うんです。それをいろいろな文化でやっていく。韓国でやって、今度はそのためにアマゾンに行くんです。

長田　おもしろいですね。

河合　やっぱり違うんですよ。文化変容していくんです。

---

(22)『感受性の領分』　長田弘、岩波書店

長田　鎖国の時代にだってイソップのお話が江戸市中にまで入ってきて、お話として人びとの心の中に棲みつくわけですから。お話の力、それが入っていって変わっていって、そして何かを変えていくというのはすごい力ですね。

ぼく自身、ずっと違ったまま記憶して、いつのまにか自分で書きかえた物語がそのまま自分にのこっちゃっていることがあるんです。数年前にイスラム古典叢書というのが岩波で出て、イスラムの大歴史家のイブン＝ハルドゥーンの三巻からなる『歴史序説』が翻訳されたんですが、それはおそらく初めての全訳だったはずです。そのイブン＝ハルドゥーンの名を、ぼくは子どものときからとても親しく知ってたんです。いや、知ってるとずっと思ってた。その大歴史家の名を、ぼくは宇野浩二の胸にしみる童話で読んで知ったとずっと思ってたんですが、違うんです。

宇野浩二の童話は、確かに十七年かかって大きな歴史の本を書きついで完成させる孤独な大歴史家の悲しい話で、作家がフェルドウジとしているその大歴史家の名が、いつからかぼくのなかでイブン＝ハルドゥーンになっていた。イスラム古典叢書が出たときに、やっと本物のイブン＝ハルドゥーンの本に会えると思ったのも束の間、昔の童話を確かめて、イブン＝ハルドゥーンとして記憶してきた懐かしい名がフェルドウジであることに気づいたものの、こんどはフェルドウジが誰なのか、イブン＝ハルドゥーンを思わせるその大歴史家が誰なのか、宇野浩二はどこからその「今からずっと昔のことで、しかも遠い時代の話」を採ったのか、全部が謎になってしまって、それきりなんです。しかも、ずっとそう記憶してきたから、フェルドウジすなわちイブン＝ハルドゥーンのまま、いまでもその大歴史家の孤独な生涯が頭にのこっていて、なかなか始末がつかないですね。

河合　おもしろいですね。

長田　それとはちょっと違うけれども、夏目漱石の『吾輩は猫である』というのも、ぼくにとっては二つあるんです。一つは、もちろん夏目漱石の『吾輩は猫である』で、「吾輩は猫である。名前はまだない」という有名な一行から始まる。もう一つは、昭和の初めの新潮文庫ででた近藤浩一路(画)という『漫画吾輩は猫である』で、その始まりは「吾輩は猫である。名前は無い」。漫画のほうは「まだ」がないんです。

河合　持っておられるんですか？

長田　はい。右頁は全頁、簡潔で、無駄のまったくない要約が十行くらい。この要約が何ともいえず傑作なんです。左頁は全頁、線画で、ユニークきわまりない漫画だけ。「まだ」という未練のない、その漫画版の書き出しが、ぼくは大好きですね(笑)。

河合　絵本の最たるものだ(笑)。ぼくは子どもの頃、絵巻の真似をして小さい漫画をつくっていましたね。つくりませんでしたか？

長田　ええ、つくりました。小学生のときに長編漫画一冊。

河合　兄貴なんか、つくってよろこんで見てたんですよ。ああいうの、いま復活したほうがいいかもわからないな。

長田　『漫画吾輩は猫である』が、原作を劇画にする今日のコミックと違うのは、右頁の要約。その要約は、実にみごとな『吾輩は猫である』の採話なんです。採話というのは、物語のリサイクルですね。子どもにむけて絶えず語りなおしていくという、本当の意味での物語のリサイクルが、絵本の世界、子どもの本の世界をささえている。たとえば、イタリアの作家カルヴィーノのような人は物語のリサイクルの名人だったし、日本でも石井桃子さんの絵本の訳は、版を重ねるたびに改められて名訳にそだったんですね。オリジナリティじゃないんです。うんと簡単に言ってしまえば、文化はリサイクルなんですよね。

河合　ぼくは、オリジナリティはないけれどもリサイクルの才能はあるから、それを生かして何か頑張ろうかな。

長田　それは頑張ってもらいたいですね。

河合　ぼくはフルートを年寄りになってから始めたでしょう。だから、フルート・

リサイタルというのをやめて、フルート・リサイクルといってやっているんですよ(笑)。河合隼雄リサイクル・シリーズ(笑)。

長田　音楽の演奏はリサイクルにはじまる。クラシックの文化は本質的にリサイクルの文化です。それは即興を重んじるジャズでもおなじですね。絵のほうだと、名画の贋作がしょっちゅう問題を起こすけれども、それでも後から後から贋作の話が出てくるのは、模写が技芸の習練とされる絵にとっては、贋作もない傑作はなしということなのかもしれない。

そっくりのつもりで描いたモナリザの贋作の話があるんです。本物の一世紀ぐらい後につくられた贋作らしいんですけれども、贋作のほうが保存状態がよくてつやつやして、きれいなままなのに、本物のほうは外気でだんだんに変色してきてしまった。ですから、いま見ると、モナリザの贋作のつもりが、本物のほうは時間の洗礼をうけて歳とったのに、贋作のほうは歳をとらないままなので、いまじゃもう贋作としては通じず、モナリザの妹として通っている、そういう有名な贋作があるらしいんです。そうなると、それはもう傑作としか言えない贋作ですね。

河合　「河合贋作」という名前にしようかな(笑)。そうすると「これは傑作です」ということになるかもしれない。

長田 子どもは家の本棚を見て育つでしょう。ぼくの子どもが小学生のとき、ドストエフスキイのことを子どもが書いているというので、あわてた先生に母親が「お子さんにはちょっと早いんじゃないでしょうか」と言われたことがある(笑)。何のことはない、家の本棚にドストエフスキイの名がずっとあって、その変わった名が子どもには、毎日もっとも見慣れた親しい名になった。それでドストエフスキイが「よく知っている人」の名になった(笑)。

読書をその内容だけで言うのは間違いで、どういう本かということを、内容を要約して答えなければいけないというのは、答えの一つにすぎないですね。どういう本か訊かれて、青い本とか白い本という答えだって間違いじゃないし、実際ほとんどの人の本の記憶は、そんなふうに大きな本とか小さな本とか、柔らかな本とか赤い本とかとしてのこる。それに本には、読む前の本もあれば、読んだ後の本もある。もう一度読みたくなる本もまれにあるけれども、ついに読まないままになる本もある。

そこに本があるというくらいの距離を日常にたもつことができれば、ぼくはいいんだと思うんですね。

河合 大庭みな子さんは小学校六年の時に『源氏物語』を原文で読んでいたといいます。ぼくらはよく憶えていますが、西洋の恋愛ものは軟弱だからと禁止されていたんです。しかたなしに日本の『源氏物語』を読んで、「これはなんで禁止されないんだ」と思ったことがあるとか。

長田　古典こそリサイクルの華ですね。ただし『源氏物語』はおかしな偶然で、そのとき岩波文庫で出たばかりの『修紫田舎源氏』というほうを、ぼくは最初に手にしたんです(笑)。「修」という字をそれで覚えたんですが、『漫画吾輩は猫である』とか、どうも正しい読書じゃないですね(笑)。

だけど、読んだ後に、記憶が物語をつくりかえていくのが本のおもしろさで、本のくれるそのおもしろさを、絵本くらいはっきり味わわせてくれる本はないように思います。絵本の世界というのは、記憶のリサイクルによってできていて、おんなじ絵本がずっと後になって読みかえすと違う。大人になって読むと、また全然違うものが見えてくる。あるいはおんなじ絵本でも、子どもがそこに読む物語と大人がそこに読む物語は、きっと違う。絵本の世界は、読むことで自分で物語をつくっていくんですね。ですから、一度目に読んだときと、二度目に読んだときでは、きっとどこか微妙に違ってくる。リサイクルして、リサイクルして、その絵本の世界が自分のなかにつくられてゆく。

絵本は、一冊一冊は読むとしたらそれこそ簡単に、速くさっさと読めてしまうけれども、実は、何度も何度も物語をつくりなおして読むことができるように、それだけのうんと長い時間を蓄えている。

河合　子どもは、ほんとに何度も見ていますものね。

長田　そしていつか絵本の世界をすっと抜けでて、もう何度も何度も絵本を見るということがなくなっていることに気づくんですが、でもやっぱり、そうして何度も何度も絵本の時間のなかに入っていった経験を、持っているといないとでは、その後が違ってくるんじゃないでしょうか。やっぱり、かけがえのない一瞬がそこにはある。いい絵本のなかにあるのはほんと、永遠よりも長い一瞬ですね。

Ⅳ　子どもと大人、そして社会

大人の思い込み

河合　子どもと大人、そしてそれをめぐる社会に話をうつしたいのですが、まず神戸で起きた恐ろしい事件(少年による連続児童殺傷事件)について、ぼくが新聞に書いたことをお話しします(『産経新聞』一九九七年七月二日夕刊)。この事件に対する人びとの反応で思うことは、現代人はどんな事象に対しても、「なぜ」と問いかけ、その答えが簡単に得られ、それによって安心するというパターンにはまりこみすぎているということです。では、どうすればいいのかということになります。いちばん大切なことは、このようなことは、簡単に「原因」などわかるはずがないということです。

最近読んだ本で、ロバート・コールズ『子どもの神秘生活——生と死、神・宇宙をめぐる証言』[1]という本がとてもおもしろかった。それは、精神分析医が実に長い年月をかけて子どもたちに接し、その内面にある宇宙的な世界について聞き出している本

---

(1)『子どもの神秘生活——生と死、神・宇宙をめぐる証言』ロバート・コールズ著、桜内篤子訳、工作舎

です。その中に、イスラム教の子どもと話し合う例が出てきます。その子はいじめられっ子だったのですが、何とか自分を強くしてほしいと祈ったら、アッラーが力を与えてくれたというのです。ところが、その子には、いじめっ子の方も神に祈るとどうなるかという疑問が生まれてきました。これに答えてほしいと、その子はアッラーに祈った。その時、この子は神の声を聞いたのです。「一生なやみつづけていいのだ。なやみをしまいこんでわすれないようにいのりなさい」と。

もっと明快な答えを期待していたこの子は、この答えに当惑します。しかし、その後「悩みつづけることに意味がある」ことを悟るのです。しっかりと悩みつづけることにこそ人生の意味があると知るのです。

大人も子どもに負けぬように、もう少し悩みつづけてもいいのではないか。子どもが悩んでいるのに、大人がすぐ「解答」を求めようとするのは、大人のあさはかな思いこみだと思いますね。

長田 言葉の仕事というものを通じてよくよく心したいことは、必要なのは答えでなくて問いなんだということですね。いまはほんとうに、答え、もしくは答えらしきものが多すぎるけれども、問いが、もしくは疑いが少なすぎるからです。しきりに情報社会の掛け声があがっても、求められる情報というのは多くただ当座の答えにすぎなくて、どんな問題でもとっさの答えで場をしのいで、差しあたって一件落着。そういうふうですから、社会の物事の判断の方向が、熟慮を求めず、とりあえず一件落着を求めるようになってくれば、割り切りやすい勧善懲悪、因果応報に、どうしても答えを求めがちになっていきますね。

河合　それものすごく単純に、勧善懲悪、因果応報で考えられると思い込んでいるんですね。それで、因果応報、勧善懲悪になっていなかったらおかしいと、みんな言うんです。何もおかしいことはないのに。

長田　明治の噺家の三遊亭円朝の怪談ばなしが、ぼくは大好きなんですが、円朝の有名な『怪談 牡丹灯籠』(2)でも、悪のかぎりをつくすその話のおしまいは、どうにかこうにか話も納まり、「此物語も多少は勧善懲悪の道を助ける事もやと、斯く長々と高聴にいれました」というわけで、皆様の気分もお静まりになったでしょうから、このへんでお話もおしまいに致します、となるんです(笑)。勧善懲悪で締め括れなければ話は終わらない、気分も納まらないという光景は、いまでも全然変わらないですね。

河合　勧善懲悪するためには、まず悪いやつを見つけなければいけないわけです。

---

(2)　『怪談 牡丹灯籠』　三遊亭円朝作、岩波文庫

そうすると〝悪いやつ〟になった人間が大変なんです。学校の先生とか、親とか。

長田　それと、言葉の問題があるんです。神戸の児童殺傷事件が起きたのとおなじときに、この国では経済も政治も混迷がきわまっていて、さっぱり先行きの見えない日々がずっとつづいている。ですから、わけのわからない経済や政治の不祥事をめぐって「透明性を欠く」という大きな見出しが、新聞の政治面には躍っています。そのとき、神戸の連続児童殺傷事件のほうは、警察に送られてきた〝犯行声明〟が社会面に大きくとりあげられていて、声明文中の「透明な存在」という言葉をめぐって、ずっと論議がつづきました。

その結果、政治面では、不透明なために見えない。社会面では、透明なために見えない。それが毎日のことになった。どっちも「透明」という言葉をキーワードに使っていて、政治面と社会面とでは、意味がまったく逆なんですね。そんな具合に、意味が逆の同じ言葉が同じ日の新聞の違った面に載りつづけた。記事だけでなく、政治面の大見出しと社会面の大見出しが、どっちも「透明」という言葉を使って、意味は逆という日もありました。つまり、「透明」ということが、政治や経済については望ましい、よい意味で使われ、神戸の事件では厭うべき、悪い意味で使われた。一方は〝誰にも見える〟ということで、片一方は〝誰にも見えない〟ということですね。

そういうふうに、出来事とわたしたちのあいだには言葉が介在しているし、介在してくるわけですね。社会の物事の判断の方向をしばしば決するのは、あるいは決してしまうのは、そうした介在してくる言葉なんです。

河合　「透明」というのは、よい意味でわれわれが使っているときには、全部隠すところがない、あけすけだということでしょう。それが、ぼくはおかしいと思うんですよ。それこそ人間というのは、隠されたところがあるから人間として存在しているわけでしょう。どこまで本当か知らないんですけれども、実際に事件のあったところで、子どもが見えないところで何をするかわからない、だから子どもの姿がよく見通せるようにというので、団地の樹を伐ったと言うんです。

長田　東京でも、それはやってますね。公園の周りの樹を伐っている。

河合　ものすごく感じ悪いですね。そういうことをするから、子どもは透明になってしまうんですよ。

長田　柳田國男の言ったことを思いだします。『明治大正史　世相篇』(3)という本で、家の中に電気がついて、いままでは部屋の隅っこにあった暗がりがなくなった、暗が

（3）『明治大正史　世相篇』柳田國男、講談社学術文庫

りがなくなって、たとえば叱られた子どもがベソもかけなくなった、ということを書いています。それまでは叱られたら、くるっと背を向けて、暗がりに引きこもって、ベソをかくことができた。このごろ、子どもをめぐるさまざまな事件が生じるたびに、子どもたちの「居場所がない」という言葉が使われます。しかし、そうだろうかと思うんですね。「逃げ場所がない」というほうが、正鵠《せいこく》を得ていると思える。どこもかしこも、暗がりがなくなって、ただただ明るく、それこそ透明になっちゃったんです。

河合　そうそう。それがいいことだというのは大間違いで、そういうことがなくなったから子どもは大変になっているんですよ。まるっきり逆なんですね。どんなにそういう点で一生懸命になっても、悪いことは発生しますよ。

長田　たとえば、車で考えれば、誰もわかっているはずなんです。車は前後左右、全部ちゃんと見えなければ運転できないから、すべてがちゃんと見えるようにできているにもかかわらず、どうやっても確実に死角がある。どこにも木一本なく、全部が見えていると思っても、視野には必ず見えていない部分、つまり死角があるわけです。ですから、全部が見えるのでなく、見えると思っているもののなかに、必ず見えていないものがある。

それから、ハンドル。車のハンドルには必ず〝遊び〟があることは、誰でもわかっています。ハンドルを切った途端にいきなり曲がるのをふせぐために、ハンドルには〝遊び〟が、役に立たないところが絶対になくてはならない。くわえて、車は走るためのものだけれども、加速のためのアクセルだけでなく、ブレーキという走るのを止める装置がなければ、車は走れない。もちろんこんなことはいまさら言うまでもなく、車については誰でもわかっている。ですから、全部、車でわかっているはずなんです。

ところが、いま片や車なしでは立ちいかぬ日をおくっていて、車についての注意はみんな本能のように身につけているはずなのに、片や日常のものの考え方というところになると、どうしてか突然、何事にも死角はないかのごとき、〝遊び〟はないほうがいいかのごとき、ブレーキなしの、不注意な議論がとびだしてきますね。

河合　そうそう。

長田　いつも車に対しては注意深くやっている。だから、できないのではないんです。にもかかわらず、日常の物の考え方となると、不思議なことに何事にもすぐにとめどがなくなってしまう。

河合　ちょっと考えればいいんだけれども、単純に突っ走ると、遊びはないほうがいい、死角はあるはずがない、と極端なことを子どもに押しつけながら、大人はそのあたりを上手にごまかしているんです。ところが自分の子どもに対しては、ごまかしなしにそれをやれと言うんですよ。そしてそれをちゃんとやりぬいた子はよい子だとみんな思っているから、子どもはたまったものじゃないですよ。

長田　子どもにはそれがしんどい。

河合　だからいま、子どもに対する圧力というのは、ものすごいですよ。それがしかも、全部善意に基づいているから、よけいおそろしいんです。

蔭のない子ほどいい子？

長田　地球を夜に宇宙から写真に撮ると、とにかくずばぬけて、日本が明るいんですね。世界中で、東京を中心とする首都圏が特に明るく、はっきりと真っ白になる。日本の今日の問題はこの明るさにあるんじゃないかと思うんです。夜、部屋の真ん中に、灯りがある。天井灯の下で生活するようになって、暗がりのない部屋が日常の暮らしの場になった。これはしかし、実は西欧からきた生活様式というのではないんですね。西欧の暮らしの灯りの基本は、いまでも蛍光灯でなく白熱灯で、そして天井灯でなくフロアースタンドでしょう。フロアースタンドというのは空間を演出できる。天井灯のように全部をくまなく明るくするのでなく、部分部分を、食事のときは食事の空間だけ、寛ぐときは寛ぎの空間だけ明るくする。灯りのつけ方ひとつで、生活という舞台の場面転換がぱっとできるわけです。フロアースタンドの灯を一つ消せば、部屋の隅に暗がりができる。

考えれば、そういう場面転換というのは、歌舞伎の書き割り舞台はそうなんですね。舞台のこっちを暗く、あっちを明るくして、灯りによって、物語の空間を演出する。天井灯以前は、わたしたちの日常生活もそうだったのだと思う。現在のように全部、頭上から陰りなく照らすようになって、暮らしの場で場面転換ができなくなってしまった。

河合　そう。まさに蔭のない人間になります。蔭のない子ほどいいと思うわけでしょう。そんなの、無理な話ですよ。

長田　三遊亭円朝の話にもう一度もどりますけれども、円朝という人はこの国の近代以前と近代のちょうど境目に位置する人ですが、速記によってのこっている円朝の怪談を読むと、違うんですね。円朝の怪談ばなしというのは話が入り組んで、展開がとても複雑で、同時に幾つもの物語が進行するんです。ですから、話が途中でひょいと飛ぶ。どうやって物語をつないでいくかというと、「えー、ちょいとお話は変わりますが」と言うんです。その言葉で、複雑で入り組んだ物語が、あッという間に場面転換して、何食わぬ顔で、それまでとはおよそ別の物語が進むんです。

現代の大人にむけての物語は、そんなふうに都合よく、場面転換ができない。昔なら「閑話休題」というきうまい書き方もあったし、「お話変わって」と言ってあっさり場面転換できたけれども、いまは場面転換できず、部屋の中なら部屋の中に居っきりで、話が進まない。無理に進めれば、ファストフードみたいなストーリーになっちゃうんです。現在の日本では、暮らしの場面を転換できるのは商品であって、商品は技術によってどんどん革新される。けれども、技術で革新できない人間のほうは、いまやさっぱりですね。

昭和の戦争の後の時代がぼくの子ども時代ですが、いまでも憶えていますが、映画の時代だったその時代の華の一つだったのは、怪談映画だったんです。怪談映画の看板を張れるのがスターで、美空ひばりですらひばりの狸御殿で人気だったし、ぞっとするような怖い幽霊をやれるのが本当の女優でした。ただそのときでも、怪談映画はだいたい時代劇でしたが、いまは怪談映画がないですね。スピルバーグのような映画でも異生物はかわいい存在であり、スクリーンにも怖い存在がいなくなった。世の中が明るくなったそのぶん、怖いものがなくなってますね。

河合　そう。怖いものがなくなったというのが大きいですね。それで結局、ものすごく怖いことが起こるわけだから。それはさっきの暗闇に通じますね。ぼくらが子どもの頃は、暗闇が怖くてしかたがなかったわけですよ。トイレに行けないとか、そういう体験がいまはなくなっているでしょう。

長田　かつて夏休みの子どもの遊びだった、肝だめしという遊びもありません。肝だめしをしないというのは、肝っ玉がどこかに行っちゃったんです（笑）。いまは、いろいろなものについての先入観がもともとは肝っ玉のあるべきところに居すわって、それが強迫観念のようになっているということがないか、どうなのか。「衣食足りて先入観強まる」という印象をつよく覚えます。

河合　科学技術があまりにも発達したから、こうすればああなるというパターンが身に沁みすぎたんじゃないかと思うんです。それで大体日常生活はいっているわけでしょう。しかもそういう点で極端に成功したわけですね。便利になって。ただし大事なことは、科学技術の場合は言われた通りにしないと失敗するわけでしょう。だから、言われた通りをちゃんとやっていたら結果は出るものだという、それがつよくなり過ぎたところがある。それを人間に適用したらショートしてしまうのですが、むりに適用しようとした。ぼくはそのことがものすごく大きいと思っているんです。そうすると、「よい育児法」というものができたり「老人対策」とかいうのがあったりして、そういうのでやればよい老人ができたり、よい子どもができたりすると思っている。

長田　科学技術にかかわる事故がしきりに起きて、そうしたニュースを聞くごとにいつも思うことは、技術は本当にその通りにあれば、事故は生じないのが当然のはずなんですね。本当にその通りでないから、事故が生じる。原理的に想定される事故が起きるというのではなくて、最初の溶接がきちんとなされてなかったとか、ビスを締め忘れたとか、そもそも想定もされていないミスから、思いもしなかった事故が生じてくるわけですね。

河合　そうそう。

長田　いつだったかの外電の記事で、大惨事となった工場事故があって、大事故にいたった原因がどうしてもわからない。事故を調べていくと、工場全体の機械を自動的にコントロールしているＩＣ装置だったか何だかに、どうやら熱いコーヒーをこぼしてしまったのが、原因らしいということになる。ところが、設計者の頭にはそんなところにコーヒーがこぼれることがあるなんてことは、およそ計算にも入っていない。つまり、全部が完璧で、完全な条件であれば、ちゃんとうまくいくはずのものが、まったくの想定外、条件外のことで、あっさりいかれてしまうわけです。技術が原則的にありうべき状態でこうなるという理想を追求しても、どんな最先端にあっても変なおかしなことを避けられないのは、かかわる人間のほうは完璧でも完全でもないためですね。人間は不完全で、その不完全さをカヴァーする遊びの部分がなくてはならないのに、いまはその遊びの部分がなくなってるんですね。

河合　なくなり過ぎているんです。

――　問題は、人間がそうした社会のありように適応できなくなって、肉体的にも病気になってしまうということです。昔では考えられないようなアレルギーが起きたりしますね。

河合　それはしかし、人間の健康な反応かもしれない。つまり、あんまり不健康に清潔になるから、人間の身体のほうが反応しているわけです。いまわれわれのやっていることがおかしいわけでしょう。そのおかしいというのが、知的に反対できるおかしさじゃなくて、不可解なおかしさだから、身体が拒否している。存在が拒否していると、ぼくはそう思っているんです。

「するなかれ」と「しよう」

長田　十戒というのがありますね。十戒は全部、「するなかれ」です。けれども、いまの日本というのは、違う。全部、「すべし」ばかりなんですね。それも本当は「するな」という意味を隠しもつ「すべし」です。どっちを向いても「……しましょう」「健康に注意しましょう」「清潔にしましょう」で、どんな標語もまずそうですね。「すべし」と言って、「するな」とは言わない。雑誌の文章なんかでも、タイトルには否定形を使わないのがいまでは鉄則になっているでしょう。

河合　多いねえ。「……しよう」とか。

長田　いつからそういうふうになってきたのか非常に興味をもちますが、そうした固定観念にどこかですごくとらわれている、そういう雰囲気がありますね。

河合　それ、おもしろいですね。「……すべからず」と言ったら厳しいみたいに思うでしょう。ところが、その「すべからず」以外は何をやってもいいんですね。

長田　そうなんです。

河合　「これだけは気をつけてくれ。あとはお好きなように」というんだから、ものすごく任される。ところが「……しよう」というやつは、こっちで働きかけているわけですね。しなくちゃならないことになる。

長田　「すべし」は、しんどいですよ。

河合　それをやらないやつは、だめなわけだからね。

長田　「目標を達成しよう」というのは結果の要求ですから、それはしんどいですよ。「さぼるべからず」というのは注意事項だから、自分次第なんです。

河合　実際、そこでみんな錯覚を起こしているんです。いままでの「べからず」にやられたような気がするから、それをやめて肯定的になっているようなつもりだけれども、ものすごく縛られている。

長田　それで「しんどさを背負おう」になってしまう。

河合　だから、昔のほうが、厳しいようで、自由があったんです。ところがいまは、それがなかなかなくなってきた。

長田　家の造作でも、いまはどの家にも縁の下はまずないし、家の中にも納戸はまずない。それに、たとえばマンションであれば、出入り口は一つですね。昔の家は、出入り口がいっぱいあった。勝手口というのは台所の出入り口ですが、また文字通り、勝手な出入り口でもあった。いまは勝手口のない、玄関が一つだけという住まい方が普通だけれども、そうした家の造作が家族のあり方を、どこかしら左右しているのも確かですね。

昔のことわざに「悔しかったら雪隠でふんばれ」というのがあります。そういうふうに、自分の気持ちのもっていきどころというのが、いまは住まい方のうちに保ちにくくなっていますよね、構造的に。万事に窮屈さがあって、日常のなかに何だかしんどい部分がふえているように思います。生活はずいぶんらくになった。週休二日にもなってきた。それでも、しんどいという感じがのこっている社会であるのは、どうしてか。気持ちが追われているからだと思うんですね。何に追われているかといえば、明るさに追われている。

『どん底』という有名な芝居に、「昼でも夜でも牢屋は暗い」という有名な歌がありますよね。牢屋という場所は「昼でも夜でも暗い」、だから酷い場所だと。ところが、一九七〇年代に当時の西ドイツの監獄で、幾人もの囚人の自殺があいついだことがあって、問題になった。調査すると、監獄は新しく、清潔で、壁も床も真っ白で、二十四時間明るい天井灯は切らない、つまり、あまりに明るすぎたことが原因だった。「昼でも夜でも牢屋は明るい」というのが苦痛以外のなにものでもない。牢獄が暗いのはよくないから、徹底的に明るくした。そうしたら、生きていられなくなった。

河合　「昼でも夜でも家庭は明るい」と、死ぬよりしょうがない。

長田　雪山での遭難死を引きおこすホワイトアウト現象というのと、おんなじですね。周囲が全部真っ白になってしまうと、どこにもいけなくなって、人間は立往生してしまう。人間はそういうふうにできている。徹底的であることは苦痛なんです。不完全さをすすんで引きうけないと、どんどんしんどくなっていきますね。

河合　この前あるところで、援助交際を調べている宮台真司さんに話を聞いたんですが、宮台さんが言っていたけれども、お金がほしくてやっている人はほとんどいない、みんな居場所がほしい、と言うんです。居場所が家にないんですね。そうすると街のほうが居場所なんです。何でかというと、彼らが集まる街は暗がりがあるんですね。そういうところにたむろする。しかし、たむろするためには、ちゃんとブランド商品をつけているとか、いろいろな約束があるわけで、その約束を満たすためには金が要るわけです。みんな、そういうところにいたいためにそれをやっている、と宮台さんは言っていました。ほんとに「昼でも夜でも明るい家庭」なんて言われると、いま思春期の子は居るところがないですね。

長田　日常での場面転換ができなくなっているんです。暗転という言葉があるように、芝居だって、場面転換には暗闇を必要とします。日常の場に、場面転換できるだけの暗さがないために、逃げ場がなければ、家出するか、引きこもるかしかなくなる。結局そういうしんどい状況を促しているのは、大きい、明るい、早い、という社会の価値観で、小さい、暗い、遅いは埒外。

河合　ほんとにそうです。

長田　たとえば一冊の絵本を、『ちいさいおうち』なら『ちいさいおうち』を、社会の風景のなかに置いてみる。すると、ごくあたりまえのようだった自分の周りの風景が、ずいぶん違って見えてくるということがありますね。

子どもがもつ言葉は、大人の社会がもつ言葉とは違う。子どもの目をとおして見ると、大人の社会の風景が、一度に反転して見えるような感覚を覚えることがありますね。子どもの目の高さから見れば、こうなんだと。

河合　その点、まさに子どもの目から見たほうがバッと本物が見えて、それが児童文学に書いてあるというのが、ものすごく大事なことなんです。子どもの目から見たらおかしいじゃないか、とわかる。

長田　子どもの目を失わずに世界を見つめた人として、ぼくが考えるのは、たとえばパブロ・カザルスというチェリストなんです。

カザルスは小さいころからチェロを弾き、稼ぐために街のカフェで弾いた。カフェですから、みんな食事はする、酒は飲む、大声で喋るわけです。その喧騒に負けないで、チェロを弾かなければならない。そうして、カザルスは誰にも負けない、非常に力強いチェロ弾きになった。それから、もうひとつ、カザルスは若くしてすっかり禿げた。音楽家はカツラをかぶらなきゃいけないというのが演奏の常識とされていたけれども従わず、カザルスは、カツラをかぶらずに演奏した禿頭の最初の演奏家になる。演奏家がカツラをかぶらなくなったのは、カザルス以後です。ぼくはカラヤンという指揮者が嫌いですが、その理由のひとつは、この指揮者がベルリン・フィルで、演奏にあたって頭の禿げた楽団員にカツラをかぶるよう、要求したことです(笑)。

カザルスみたいに、常識を変えることができる人がいる。実際の世界には、そういう人はめったにいないけれども、子どもの本のなかにいるのは常識を変えていく人、いこうとする人ですね。子どもの本の世界を読んで見えてくるのは、大人の知る日常とは違う日常の光景。子どもの目の高さから見ると、そこに見えてくるのは、いつの世にも変わらぬ裸の王様の社会の風景なんです。

そういう実感をのこす物語で、いまのような時代にもっとも読まれていい一冊の本として、思いだしたいのは、Ｅ・Ｌ・カニグズバーグの『ぼくと〈ジョージ〉』(4)という本です。いま読むとひどく切実な物語ですが、この物語のきっかけとなったのは、ぼくの記憶に間違いがなければ、たぶんシカゴで実際にあった一人の少年の事件です。

---

(4)『ぼくと〈ジョージ〉』Ｅ・Ｌ・カニグズバーグ作、松永ふみ子訳、岩波少年文庫

ある少年が殺人を犯した。捕らえられた少年は、その少年は〈ジョージ〉という名ではないんですが、殺人を認めて、「これは(ぼくの中にいる)ジョージが殺したんです」と言ったという、有名な事件です。カニグズバーグの物語の〈ジョージ〉には、おそらくその事件の記憶がとどまっています。カニグズバーグの物語の主人公もまた、心の中に〈ジョージ〉がいる、ベンという名の少年。

河合 ベンは必死になって〝よい子〟をやっているんですね。〝よい子〟をやって、〝よい子〟をやって、そしてそれの理想像みたいな上級生が出てきてベンがその子と友人になりたがるのを、〈ジョージ〉が怒りまわる。ベンと〈ジョージ〉が対話するんです。

長田 カニグズバーグの物語のなかではけっして広く読まれた物語じゃなかったけれども、いま『ぼくと〈ジョージ〉』を読むと、そこに今日の子どもの心の中の原風景があるように思えます。

河合 ほんとですね。

長田 子どもが求めているのは、対話というつながりなんですね。河合さんは村上春樹さんとの対話のなかで、物語というのは結ぶ力をもっていると言われているけれども、居場所がないというのは、結局つながりがないということですね。

河合　そうなんです。

長田　つながりの欠如が、いろいろな問題を引き起こしている。ベンを激しく苦しめるのも、そのつながりの欠如ですね。

河合　そうです。ですから、ベンは〈ジョージ〉とつながって、何とかしたいんだけれども、〈ジョージ〉のほうも、ベンに腹が立ってしょうがない。

すごくうまいなあと思うのは、自分のお父さんの妻になる人が、ちょっと心理学をかじっていますが、あれは「心理学公害」の典型ですね(笑)。要するに、生かじりの学問というのはどんなばかなことを言うか。「どうも分裂病じゃないか」とか言いだすでしょう。

長田　この本を読むと、〈ジョージ〉は何者かということを、どうしたって考える。子どもが読んで胸にくる物語であって、同時に大人が読んでとらえられる本ですね。いまや子どもが読む本というだけでなく、むしろ大人が自分のために読むべきだろう本が、古い物語までふくめて、子どもの本の世界にはずいぶんありますね。

河合　ぼくは多いと思いますよ。そういう意味でも、ぼくは大人にむしろ勧めているんです。でも、昔に比べると、だいぶ大人のなかで読む人が増えたと思いますよ。大学生なんかが、わりと読むようになったんですね。

ある短大で、ぼくなんかが推薦している本をずっと置いておいたら、自然に読む学生が増えたそうです。だんだん自然と、学生の間に広がって、読み手が増えていった。それを聞いてぼくは嬉しくなったから、京大の教育学部に子どもの本をたくさん入れたら、教育学の先生がカンカンになった(笑)。「こんなばかな本を買ったやつがいる。貴重な図書費を使って子どもの本など入れて」とか言うて。でも子どもの本というのは、ぼくらが必死になって言いたがっている真実というのが、そのままピシャリとわかるような話になっているんです。

長田　実際に子どもの本というのは、ある意味で非常にスリリングですね。

河合　そうです。

長田　一九八〇年代の終わりに、ロシアでソヴェト体制が崩壊するでしょう。すると、それまで長いあいだ読まれてきた本のおおくが、それからはほとんど省みられなくなった。当然といえば当然なんですが、そうはならなかったのが、実は子どもの本の世界なんですね。たとえ『静かなドン』のショーロホフがどこかにいっても、『2歳から5歳まで』(5)のチュコフスキーはのこると思う。

子どもの本の世界をささえるのは、時代を超えてこちらにとどくものですね。マルシャークの『森は生きている』(6)なども、いまも子どもたちに読みつがれ好かれている一冊ですね。おなじときにでたソヴェトの大人の本のほうは、のこっていない。でも子どもの本は、ソヴェトがポシャって寿命はおしまい、というふうにはならない。

河合　それはおもしろいねえ。

長田　この二、三十年に、一九六〇年代以降、人びとのライフスタイルというのはものすごく変わってきたわけですが、その変わってきた時代の深層のところで、ほんとうはこういうことが起きていたのだということを、いちばんよく見せてくれるのはある意味で子どもの本の世界じゃないかなあって思いますね。新しい本や新しい物語がそうだというだけではなくて、古い本や古い物語の新しい読み直しもまた、まったく思いがけない見晴らしをもたらした。たとえばグリム童話[7]のような古い童話がまったく新しい読み方で読まれるようになったように。

ただ、〝政治的〟に正しくなければならないとして、昔からの童話が書き替えられてしまったらどうなるかという、いわゆるポリティカル・コレクトネス（PC――政治

(5)『2歳から5歳まで』チュコフスキー著、樹下節訳、理論社
(6)『森は生きている』マルシャーク作、湯浅芳子訳、岩波書店
(7)『初版グリム童話集(全4巻)』吉原高志・素子訳、白水社

的正しさ)というような問題も、新たにでてきました。けれども、それで狼を悪いやつにするのは間違っている、魔女や小人というのは偏見を育てるというふうな、〝政治的〟に正しいおとぎ話ということになったら、それはまるで成り立たなくなる。楽しくて残酷なおとぎ話の世界がどこかへいってしまう。

ですから、古くからの子どもの話、昔話、寓話、たとえ話というのだって、間違いまでもふくめて、今日ただいまの社会のありようというのにかかわってくる。そのことを考えれば、子どもの本の世界を知るということは、たんに子どもにとってだけでなく、大人にとっても大事なことになっていると思うんです。大事というだけでなく、大人が読んでおもしろいんです。自分が小さい時に読むのだけが、子どもの本じゃないんですね。

河合 そうそう。大人の読むべき本が、ものすごく多いですよ。いま大人の本で、そんなにおもしろい本はないです。だからもっぱら、子どもの本を読むわけだけれども。

長田 たとえば、桃太郎の伝説なんかでも、桃太郎の伝説を通して、太平洋戦争の体験を理解しようという試みなんかが、台湾の人のつくった映画にもあり、アメリカの人が書いたものにも少なからず出てきますね。

河合　桃太郎のお話は、ほんとに軍閥が利用したんですね。

長田　日本の場合、桃太郎の伝説はどんなふうにそれぞれの心の中にあるのかなって思いますね。いまは桃太郎といったら、日常にもっとも親しいのは、トマトの品種の名です(笑)。

子どもの本というのは、読んだひとの心の中で何らかのかたちで価値観をつくっていく、変えていく、まもっていく、といったことに関与していく。いくら重視されてもされすぎることのないのは、そこにたどりつくまでのジグザグなプロセスですね。ストーリーが段取りよく、すいすいと行き過ぎてしまうようではだめなんですよ。やっぱり「これ、なんだ？」と、ふっと物語の中に立ちどまるところが必要だというふうに思うんですね。

思想家のヴァルター・ベンヤミンがかつて言ったことを、ぼくなりに言いかえて言うと、――時計の針を一瞬止めること、迷うことができるようになること、それが子どもにとって大事なことなんだと。それがいまはなかなかうまくできなくなっている時代ですね。間違いでもいいじゃないかということがなくなって、いまの子どもに求められるのは、逆のものです。時間を遅らせるなんてとんでもない。道を迷ったりしちゃいけない。

河合　そうそう。正しいものが決まっていて、迷わずに正しいものを早く見つけるということばっかりやっているわけでしょう。迷う暇がないんですよね。

なぜ子どもの本が読まれなくなったか

河合　いま、子どもの本というのは、どのくらい読まれているんでしょうね。

――　実際にはあまり売れていないですね。いわゆる子どもの本の専門店は、かつてたくさんありましたが、いまはなかなか大変らしいです。版元も苦しんでいるのではないですか。

河合　そうですか。いい本が多いんだけれどもね。ぼくらが読んだ本なんか、ほんとにみんなおもしろかったですね。

長田　子どもの本は読まなくっちゃいけない本というより、目に入るところにいつもある本であればと思うんですね。それがいまは大人の目にはもちろん、子どもの目にも本が入っているという状態ではなくなっているんですね。本のある光景が日常になくなっているのです。

河合　惜しいですね。ぼくは必死になってＰＲしているんだけれども。子どもの本ＰＲ賞をもらわなければいかんいうぐらい(笑)。

長田　ただぼくは、子どもの本が読まれなくなっているというのは、ここ二、三十年の時代の変容というのが、日常から本のあるべき場所を奪っていくような変容だったことにかかわっていると考えるんです。一九六〇年代から生活の様式というのは、どんどん変わってきたわけです。いちばんは、やはりＴＶの登場だと思う。ＴＶはメディアですが、同時にそれはそれまでなかった家具でした。ＴＶが登場したのと、いわゆる２ＤＫという住まいのかたちがでてきて、テーブルの生活がちゃぶ台の生活にとってかわって、かつての明窓浄机というような本のある生活は、まったく生活の理想でなくなった。

それと、技術革新の時代が人びとの意識にもたらした決定的なものだったのは、世代論じゃないでしょうか。物語の未来とは違って、技術の未来は「次世代」、あるいはせいぜい「近未来」ですね。一九五〇年代に中岡哲郎さんが「事件によって区切られる青春」という有名な定言を書きましたが、事件によって世代が区切られたのは六〇年代まで。六〇年代以降は技術革新、その結果としての製品、モノによって区切られる青春なんです。ジーンズ、スニーカー、ティシュー、ミニスカート、カラーＴＶ、インスタント・ラーメン、あるいはカセット・テープ、さまざまなカード、ビデオ、ＣＤ。それから、スーパーマーケットからコンビニエンス・ストアにいたるまで、ずっとそうして次々と新たに交代していく世代の連続なんですね。そうして「遅れてる」が、最大の軽蔑になった。

河合　ワープロ世代、パソコン世代というのもでてきてますね。

長田　だけど、それぞれの世代ごとに、あるいは親と子の間にも、互いに共有するもの、つながるものをなくしてしまった。

河合　そうそう。つながりを切っていきますからね。「あなたはできて、私はできない」になるんだからね。

長田　それぞれの経験に互換性がなくなっているんですね。技術によって日常の様子がすっかり違ったものになってきたのは事実ですが、あなたにはできる、できない、あなたには何ができる、何ができないというのを決めるのは、それぞれの力じゃなくて、モノ、製品の性能ですね。もちろん使いこなせなければだめですが、と言って、たとえ使いこなせても、一世代前の機器は次世代の機器に及ばない。

経験の共通の場がなくなってきて、それぞれがそれぞれにオープンでなくなった。そして、閉じたもの閉ざされたものになったのは、自らおもしろいと思う力じゃないかなと思うんです。自らおもしろいと思う力がみんなのあいだに働かないと、ひとからも社会からも元気が失せていってしまうんですね。子どもの本の世界というのは、原型の世界なんです。自らおもしろいと思う力をおたがいのあいだに、オープンに育むことで、子どもの本は人間の原型的な経験をつくってきたということを考えるんです。

日常の場に経験の共通の場がなくなってきているいま、そのことがもっともっと日々に大事にされていいし、また大事にされなくちゃいけないでしょう。ぼくの考えは単純なんです。世界にはどっちかの人間しかいない。リンドグレーンならリンドグレーンの物語を読んだ人間と、まだ読んでない人間しかいない。

河合　ほんとにそうですね。ぼくは、何と言っても子どもの本が好きだというのがあるんです。ほんまに好きでたまらんというところがあって、いろいろ言っているのは後から理由づけしているので、ほんとにおもしろいというのが大きいですね。

それと、ぼくに言わせたら、魂の現実というか、そういうものがストレートに書いてあるから気持ちがいい。大人の文学というのは、下手するとゴテゴテうるさくて、この世の現実ばっかり書いてあって、そんなの嫌というほど知っているから、うるさくてしかたがないという感じがする。子どもの本は、そういう点で、こっちも驚くようなことが出てきますから、すごいなと思ったりする。

長田　大人は疲れている。

河合　この世の現実のほうも大変ですからね。金儲けもせにゃいかんし、税金も払わないかん。足も引っ張らないかんとか、いろいろあって(笑)。要するに、そういうことにみんな時間をとられている。もう一つは、魂の現実というのは恐ろしいから、それから逃れるためにみんなこの世の忙しさにかまけるんでしょうね。それをやっていると便利ですからね。忙しいということが一種の免罪符ですね。「ひとはなぜ生まれてきたか」なんて考え出すと大変だけど、「あいつの足を引っ張ろう」と思うのも大変ですから、そんなところにどんどんエネルギーを費やしているんですよ。

――それで子どもに対しては、規格品的なことを要求するわけですね。

河合　そうそう。子どものほうが大体目がいいから、そのへんは見破っているわけです。なんかおかしい、おかしいと思っている。

――不思議なのは、そういう子どもが大人になるとまた同じになってしまうんですね。

河合　そうですね。大人になるというのは、こわいことですよ。

長田　同時に、いまは大人がなかなか大人になれないでいるところがあるでしょう。

河合　ええ。だから、すごい中途半端。

――そうすると逆に、大人というのはどういうものなんですか。

河合　その定義がすごくむずかしいのが現代社会でしょうね。つまり、大人と子どもが判然と分かれるのが伝承社会ですね。それでイニシエーションがあって大人になって伝承を受け継ぐ。ところがいまは、伝承社会じゃなくて、変化しているでしょう。どんどん変化していくということは、ある意味で言うと、「ここから大人」というのが言えない。だから、どういう意味において自分が大人でというふうなことは、すごくむずかしいでしょうね。それにまた、なにも無理して全部大人にならなくたって、子どもである部分をたくさん持っているほうが楽しいでしょう。だから、それをどの程度に持って、どうやっているかというのを、自分で気付かずにやられるのがいちばん困るんです。

――　大人になりきれないから大人ぶるみたいなところも、大人にはあるわけですね。

河合　ぼくの考えでは、自分の心の中には、生まれた時から老人も住んでいるし、子どももいるんですよ。全部生かしておいて時に応じておもろいやつが出てくるというのがいちばんいいんじゃないかと思います。

社会学者の見田宗介さんが、「自分の心の中にいっぱい人がいる。しかし、独裁者もいる」というんです。その独裁者の名前が「メン」というんです。わかりますか？

みんなでワイワイ言っていて何していいかわからなくなってもめた時に独裁者が出てきて、「メンどくさい」と言う(笑)。

子どもの本のすばらしさ

長田 河合さんが大人になって、もう一度新たに子どもの本を読みだしたきっかけというのは何でしたか。

河合 やっぱり自分の子どもですね。子どもが読むでしょう。一緒に読んだらめちゃくちゃにおもしろい。もともとぼくは子どものときから好きだったんですけれども、子どもが読みだして読むとおもしろいので、子どもとこっちで教えあいになるんですね。子どもが見つけてきて「お父さん、これおもしろいね」と言うし、こっちも「これオモロイぞ」とか言ってね。

長田 ぼくもそうでした。

河合 子どものほうもお父さんにええのをすすめて、「おもろかった」言うたら喜んでくれました。それで、新任の教師にいい児童文学を推薦してくれと言われて、子どもに訊いたら、三人ともケストナーの『飛ぶ教室』(8)と言いましたね。

長田 『飛ぶ教室』は、まさにそれを読んだ人間と、まだ読んでない人間をはっききり分けちゃう。

河合　とくに男の子にはね。女の子にもおもしろいんですけどね、けっこう。とにかく傑作ですよ。

それから、うちの子どもがむちゃくちゃ好きになったのは、アーサー・ランサム(9)。一冊目の『ツバメ号とアマゾン号』を買って、その後全部、順番に買っていった。

長田　それが一九六〇年代ですね。訳刊されたアーサー・ランサムは、あれはいまそう言って通じないだろうけれども、一種の事件でしたね。

河合　『ツバメ号とアマゾン号』を買ってきたら子どもが喜んで喜んで、そして次がほしくてたまらんわけ。うちはなかなか簡単に買わないんです。旗日とか来ないと。それで次に買って、結局順番に買って十二巻全部買って、子どもらは、ようあれで遊んでいましたよ。

（8）『**飛ぶ教室**』エーリヒ・ケストナー作、高橋健二訳、岩波書店

（9）『**アーサー・ランサム全集（全12巻）**』（1ツバメ号とアマゾン号・2ツバメの谷・3ヤマネコ号の冒険・4長い冬休み・5オオバンクラブの無法者・6ツバメ号の伝書バト・7海へ出るつもりじゃなかった・8ひみつの海・9六人の探偵たち・10女海賊の島・11スカラブ号の夏休み・12シロクマ号となぞの鳥）神宮輝夫・岩田欣三訳、岩波書店

長田　今回、この「子どもの本」の対話でやってない重要なのが三つあって、一つはランサムで、もう一つはC・S・ルイスの『ナルニア国ものがたり』[10]。それとサン＝テグジュペリ『星の王子さま』[11]。この本でとりあげられなかったことは残念ですが、忘れてはいない。

河合　『ナルニア国ものがたり』も、うちの子どもは好きだったですね。子どもの本の素晴らしいのを読んだときというのは、ほんとに感激しますね。心が洗われるという表現があるけど、それが子どもの本にはある。

長田　それと、すごく決定的なイメージがのこるんですね。

河合　ほんとですね。

長田　全然ストーリーと関係なく〝一瞬〟がのこるんです。E・L・カニグズバーグの『ロールパン・チームの作戦』[12]という物語に、キッチンの天井からぶらさがっている裸電球を指さして、「あそこに神様がいるんだよ」と言うお母さんが出てくるんです。以来、いまでも天井を見上げて電球があると、そこに神様がいるような気になっちゃう(笑)。子どもの本にはそういうことがいっぱいある。不思議ですね。

河合　カニグズバーグという人は好きですよ。初めの頃の物語には貧しい少年も出てくるんですが、中流の普通の男の子、女の子の物語でも、子どもがすごく深い悩みに直面しているのをうまく書くんです。あれがすごいですね。

長田　子どもによって、もう一度子どもの本の世界にぼくが惹かれていったとき新しくでてきたのが、一人はカニグズバーグ。もう一人は、フィリパ・ピアス。

河合　ピアスはすごいですね。

長田　ですから、子どもの本と言っても、それは子どものときに読んだ本というんじゃなかったんです。

河合　そうそう。もちろんぼくもそうです。

長田　大人として読んで、つよく惹かれた。ピアスなんかに惹きつけられるということがなかったら、子どもの本をそれから持続的に読むようになったかな、と思いますね。

---

(10)　**『ナルニア国ものがたり**(全7巻)**』**(1ライオンと魔女・2カスピアン王子のつのぶえ・3朝びらき丸 東の海へ・4銀のいす・5馬と少年・6魔術師のおい・7さいごの戦い)　C・S・ルイス作、瀬田貞二訳、岩波書店

(11)　**『星の王子さま』**　サン＝テグジュペリ作、内藤濯訳、岩波書店

(12)　**『ロールパン・チームの作戦』**(後に、『ベーグル・チームの作戦』と改題)　E・L・カニグズバーグ作、松永ふみ子訳、岩波少年文庫

河合　『トムは真夜中の庭で』はもちろんだけれども、『まぼろしの小さい犬』もいいですね。

長田　『トムは真夜中の庭で』や『まぼろしの小さい犬』なんかは、それを読んでいるのと読んでいないのとでは、自分はずいぶん違うだろうとはっきり感じられる、そういうあざやかさを心の中にのこすような本だと思いますね。

河合　まだまだありますよ、そういう本が、子どもの本の世界には。

あとがき

本書は、「子どもの本」について、長田弘さんと私の対談を『パンプキン』誌に一九九四年二月より九五年六月にかけて連載したものを「Ⅰ 子どもの本のメッセージ」「Ⅱ 子どもの本を読む」とし、さらに、九七年八月の本書のための対談を「Ⅲ 絵本を読む」「Ⅳ 子どもと大人、そして社会」としてあらたに加えたものである。

対談の最初に述べているように、長田さんも私も、子どもの本が好きであり、是非多くの大人の人たちに読んでいただきたいという願いをもっている。そのわけは本書を読んで下さるとよくわかると思うが、子どもの本に語られる「真実」は、人間のたましいに直接作用してくるように感じられる。

長田さんと二人で考えたことは、子どもの本の世界で「名作」と言われている作品を読み返してみようということであった。「名作」というのが、あんがい読まれてなかったりするものだ。読書量で言えば、長田さんは私とは比べものにならぬほど多く読んでおられるので、本の選択はほとんど長田さんのガイドに従った。

はじめてみると、実に面白く楽しかった。以前に読んだ本でも今読み返すと、思いがけない発見がつぎつぎとあった。「名作」でも読むのを敬遠してきたものを、この機会にあらためて読んで感激したりした。恥ずかしい話だが、トールキンの『指輪物語』は、日本でまだ評判になる前から、アメリカの友人に原作をもらったりしているのに、長いので敬遠して、そのままになっていたが、やっと読むことができた。

そして、毎回の対談がほんとうに楽しかった。本書を読まれるとわかるように、長田さんと私とでは、同じ本を読んでも切り口が異なる。思いがけない指摘に、はっとさせられたり、目からウロコが落ち続けたり。対談の部屋を掃除する人は、沢山ウロコが落ちていて困られたのではなかろうか⁉

お会いする場所も、お互いの都合で、東京、京都、大阪といろいろ場所が変り、長田さんにお会いするのが嬉しくて、宿題をちゃんとして先生に会いにゆく生徒のような、浮き浮きした気分で出かけていった。この対談連載が終ったときは、実に淋しく感じたものである。本書のために、後に対談の追加をして、また長田さんにお会いできて嬉しく思った。このときは、二人とも話したいことが一杯あって、子どもの本のことをこえて勝手なことを喋りまくった。

『パンプキン』連載中は、潮出版社編集部の木村博、背戸逸夫両氏に大変お世話になった。本書の出版に当っては、岩波書店編集部、山口昭男氏に格別にお世話になった。これらの方々に、ここに厚くお礼申しあげる。

本書が機縁になって、子どもの本の世界に関心をもつようになられたり、本書に取りあげている子どもの本を読もうとされたりする人が一人でも出てくると、著者として真に有難いことと思っている。

河合隼雄

解説　子どものこころを失わない二人の対話

河合俊雄

本書は、詩人で児童文学作家である長田弘と臨床心理学者の河合隼雄が、様々な児童文学の作品を取り上げて感想を述べ合ったものである。その際に二人が本当に作品に感動している様子や、お互いに共鳴し合っているところがうかがえるのは、読んでいて非常に楽しいし、思わずその作品を読みたくなってしまう。また児童文学の作品自体が非常に深い世界をストレートに捉えて描き出していることが多いので、本についてのコメントから発展して、子どもの存在や人間存在について、現代の社会やこころの問題についての本質的な見方がもたらされていることもしばしばある。取り上げる本を選んだのが、児童文学作家で評論家でもある長田弘なので、議論はかなり長田弘が主導しているように思え、一つの発言が長い場合も多く、河合隼雄は得意の聞き役に回っていることもあるが、二人の話は非常にかみ合っている。

たとえばフィリパ・ピアスの四つの作品を取り上げた節（Ⅱの6）を取り上げてみよう。特に『トムは真夜中の庭で』に関して、長田弘は「現在は、現在でしかないのではなくて、過去の総体である」と指摘する。それに対して河合隼雄は、昔のことを物語っていても、それがいわゆる昔語りではなくて、過去と現在が同時であると受ける。『トムは真夜中の庭で』では、夜中に古時計が十三回鳴って、トムはドアを抜けて、庭に出て行き、そこは過去の世界になっていて、階下に住む初老のバーソロミュー夫人の少女時代であるハティに会う。過去はまさに現在と同時に存在しているのである。さらに長田弘は過去への入口の一つは「物」であると指摘し、『トムは真夜中の庭で』の場合ではドアであると言うのに対して、河合隼雄は「過去が物としてそこに現前しているんです」と返すのである。

現代人の意識はキリスト教的時間観と自然科学的な時間に染まっていて、時間が過去から現在へ、現在から未来へと進む均一で直線的なものと思っている。けれどもそうではなくて、真木悠介が『時間の比較社会学』で明らかにしたように、もともとの時間観は過去の総体であるような神話的な世界の上に現在が乗っかっているようなものであったという。ピアスの作品を読んでいる二人が、そのような太古の世界と時間観を共有しているのがわかり、作品を味わいつつ、世界や時間の本質のようなものを浮かび上がらせてくるのである。

長田弘の発言には、やはり詩人の感性だなと感心させられることが多い。たとえば、「子どもは物との関係が結べる」という素敵な小見出しがついているところで、大人の本だと、いちばんの関心事がどうしても人と人の関係みたいなところだけにいってしまいがちになるけれども、子どもの本だと、人に対する関係と同じように、動物に対する関係とか、自然に関する関係とか、様々な物と深い関係を結べることを指摘している。これはまさに様々なものと関係を作って、それを詩に詠む感覚だと思われる。そしてここではやり取りが少し違う方向に展開していったけれども、河合隼雄の行っている心理療法も、人間関係だけに焦点を当ててるのではなくて夢や箱庭などのイメージを扱って、それとの関係を大切にしている。内側を青く塗った砂箱にミニチュアで風景のようなものを作っていく箱庭療法では、まさに物や自然との関係が現れてくるので、きっと聴きながら長田弘の考えに共鳴していたと思われる。

ケストナー作『エミールと探偵たち』などの三つの探偵物語を扱ったところ(Ⅱの2)で、長田弘はその三つに共通するところとして、「家の外の物語」であることを指摘している。これは鋭い目のつけ方であるが、そこからさらに「大人と子どものいちばんの違いは、子どもは窓を乗り越えて出入りできる人間だというところにあるんじゃないかなあ」とつぶやいている。これもハッとさせられる発言である。そして大人であっても詩人は窓を乗り越えて出入りできる人間なのではないだろうか。だからこそ長田弘はこのような発言ができると思われる。

その他にも、「子どもにとっては色の発見が、すなわち世界の発見である」とか、『はらぺこあおむし』の絵本に穴があいていることから、「日本でもそうで、昔は日常の風景のどこかに、穴があいていました」とかいう発言も、詩人ならではと感じられる。詩人とは、常に日常に穴を見つけて、そこから日常の光景とは全く異なるものを目撃したり、穴を通って別世界に行けたりする人なのであろう。

河合隼雄は心理学者であるけれども、児童文学が好きで、並々ならぬ関心を持っていた。本書でも二度くらい繰り返しコメントしているように、子どもの本が「人間の心の働きを、すごくすっぱりと書いている」(本書、3頁)と思えるところが彼にとって重要であった。また「魂の現実というか、そういうものがストレートに書いてあるから気持ちがいい」とも述べている。それに対していわゆる純文学については、技巧に走ったりしてしまい、意識によって構成されたものが強くなりすぎて、「魂の現実」なるものが現れてこないところに違和感を持っていたことが別の本でも繰り返し述べられている。

上野瞭や今江祥智などの児童文学作家が河合隼雄に注目し、その人たちとの交流もあって、河合隼雄は多くの児童文学を取り上げてコメントをしていて、それが『子どもの宇宙』、『子どもの本を読む』、『ファンタジーを読む』などの著作に結実していった。この対談も、その流れの中にあると言えよう。

また「魂の現実」という言葉を用いているように、心理療法に来る人が体験してきたこと、あるいは心理療法で生じてくることが児童文学に見事に描かれているところも繰り返し指摘している。たとえば近年に問題になってきた性的虐待を受けた子どもの苦しみが、『オズの魔法使い』での「体が動かない、ハートもないという体験」として既に一九〇〇年の時点で書かれているということにふれている。『赤毛のアン』についても、「発想の仕方とか物言いが、ぼくらのところに相談に来る人とすごく似ている」と指摘している。

トールキンの『指輪物語』(IIの15)において、主人公であるホビットたちは、いつでもあえて自分たちにとって困難な方向を選ぶという長田弘の指摘に対して、河合隼雄は「それは心理療法のプロセスとそっくりです」と応じる。クライエントはもちろん何とかして楽なほう、解決のあるほうを選ぼう、と思うのだけれども、セラピストとしては、「何とかしてしんどいほう、何とかして危険のなかに飛び込むほうにずっとついていくわけでしょう?」と説明している。非常に逆説的ではあるけれども、ここには長年心理療法に関わってきた人のリアリティが感じられ、またそれが児童文学の作品に表現されているところが見事である。だからこそ河合隼雄は児童文学が好きだったわけである。

内容的なことだけではなくて、本とのつきあいかたについても様々な示唆がなされているのが興味深い。たとえば親や教師はついつい子どもに本を読むよう勧めてしまいがちであるけれども、それでは子どもはなかなか本を読んでくれないし、読んでも気乗りしていないので、本が子どものこころに届かないことが多い。そうではなくて、おもしろい本をさりげなく置いておくのがよいとされている。また、たとえばテレビやネットで昔話を聞くのではなくて、生きた人が生きた人へ話をしてこそ物語が伝わるということも繰り返し指摘されている。そしてお話を自分なりに伝えるときに、自分がお話に入り込んで、デフォルメされたり、お話がつくられたりするということが大切だというのも納得させられる。よく学校で、本を要約させる課題が出されるが、それはあまり意味がなく、むしろ朗読する方がよいというのもおもしろい。谷川俊太郎さんの詩の朗読などを企画したことがあるが、確かに朗読されると、黙読するよりもっと自分のこころに響いてくるような気がした。

個人的には、「子どもの本は相当、子どもの推薦で読んでるんです」と最初の方で父河合隼雄が述べているのがうれしかった。最後の方でも、もう一度子どもの本を読みだしたきっかけを尋ねられて、「やっぱり自分の子どもですね」と答えている。ここではケストナー作『飛ぶ教室』が挙がっているが、確かに、父とはいろんな本を教え合ったものである。また、たとえば『ホビットの冒険』を勧めて、読んでもらったあとに、「あれは男性しか登場しない物語だ」という指摘をされて、なるほどそういうことに気づくのだ、と思った記憶がある。

本書でも、河合隼雄は長田弘に、自分で物語を書くことを勧められて「いや、ぼくには創作するような力はないですよ」とやんわりと断っている。兄弟の五番目だったから、他人のしたことを冷やかしたりはするけれども、自分がイニシアティヴをとって行動することはないというわけである。この対談でも、ときおりくだらない冗談や駄洒落《だじゃれ》をはさんで茶々を入れている。言い換えると心理学はあくまでも作品の解釈であり、自分は創作者でないことを強く自覚していたようである。

しかしその河合隼雄が、病に倒れる少し前から、自分の少年時代の思い出に基づく『泣き虫ハァちゃん』という創作物語を連載するようになる。残念ながら中途で終わってしまったが、河合隼雄が重視した十歳という区切りに主人公が到達したところで終わっていて、それなりに完成しているようにも思える。長田弘はその本を手にしたらどのような感想を抱いたであろうか。

（かわい　としお・臨床心理学者）

本書は一九九八年二月、岩波書店より刊行された。

子どもの本の森へ

2025年2月14日　第1刷発行

著　者　河合隼雄《かわいはやお》　長田《おさだ》 弘《ひろし》

発行者　坂本政謙

発行所　株式会社 岩波書店
〒101-8002 東京都千代田区一ツ橋2-5-5
案内 03-5210-4000　営業部 03-5210-4111
https://www.iwanami.co.jp/

印刷・精興社　製本・中永製本

ISBN 978-4-00-602364-5　　Printed in Japan

岩波現代文庫創刊二〇年に際して

二一世紀が始まってからすでに二〇年が経とうとしています。この間のグローバル化の急激な進行は世界のあり方を大きく変えました。世界規模で経済や情報の結びつきが強まるとともに、国境を越えた人の移動は日常の光景となり、今やどこに住んでいても、私たちの暮らしは世界中の様々な出来事と無関係ではいられません。しかし、グローバル化の中で否応なくもたらされる「他者」との出会いや交流は、新たな文化や価値観だけではなく、摩擦や衝突、そしてしばしば憎悪までをも生み出しています。グローバル化にともなう副作用は、その恩恵を遥かにこえていると言わざるを得ません。

今私たちに求められているのは、国内、国外にかかわらず、異なる歴史や経験、文化を持つ「他者」と向き合い、よりよい関係を結び直してゆくための想像力、構想力ではないでしょうか。

新世紀の到来を目前にした二〇〇〇年一月に創刊された岩波現代文庫は、この二〇年を通して、哲学や歴史、経済、自然科学から、小説やエッセイ、ルポルタージュにいたるまで幅広いジャンルの書目を刊行してきました。一〇〇〇点を超える書目には、人類が直面してきた様々な課題と、試行錯誤の営みが刻まれています。読書を通した過去の「他者」との出会いから得られる知識や経験は、私たちがよりよい社会を作り上げてゆくために大きな示唆を与えてくれるはずです。

一冊の本が世界を変える大きな力を持つことを信じ、岩波現代文庫はこれからもさらなるラインナップの充実をめざしてゆきます。

（二〇二〇年一月）

B328
冬の蕾
―ベアテ・シロタと女性の権利―
樹村みのり

無権利状態にあった日本の女性に、男女平等条項という「蕾」をもたらしたベアテ・シロタの生涯をたどる名作漫画を文庫化。〈解説〉田嶋陽子

B329
青い花
辺見庸

男はただ鉄路を歩く。マスクをつけた人びとが彷徨う世界で「青い花」の幻影を抱え……。災厄の夜に妖しく咲くディストピアの〝愛〟と〝美〟。現代の黙示録。〈解説〉小池昌代

B330
書聖王羲之
―その謎を解く―
魚住和晃

日中の文献を読み解くと同時に、書作品をつぶさに検証。歴史と書法の両面から、知られざる王羲之の実像を解き明かす。

B331
霧の犬
―a dog in the fog―
辺見庸

恐怖党の跋扈する異様な霧の世界を描く表題作ほか、殺人や戦争、歴史と記憶をめぐる終わりの感覚に満ちた中短編四作を収める。終末の風景、滅びの日々。〈解説〉沼野充義

B332
増補 オーウェルのマザー・グース
―歌の力、語りの力―
川端康雄

政治的な含意が強調されるオーウェルの作品群に、伝承童謡や伝統文化、ユーモアの要素を読み解く著者の代表作。関連エッセイ三本を追加した決定版論集。

岩波現代文庫［文芸］

B333
六代目圓生コレクション
寄席育ち
三遊亭圓生
圓生みずから、生い立ち、修業時代、芸談、噺家列伝などをつぶさに語る。綿密な考証も施され、資料としても貴重。〈解説〉延広真治

B334
六代目圓生コレクション
明治の寄席芸人
三遊亭圓生
圓朝、圓遊、圓喬など名人上手から、知られざる芸人まで。一六〇余名の芸と人物像を、六代目圓生がつぶさに語る。〈解説〉田中優子

B335
六代目圓生コレクション
寄席楽屋帳
三遊亭圓生
『寄席育ち』以後、昭和の名人として活躍した日々を語る。思い出の寄席歳時記や風物詩も収録。聞き手・山本進。〈解説〉京須偕充

B336
六代目圓生コレクション
寄席切絵図
三遊亭圓生
寄席が繁盛した時代の記憶を語り下ろす。各地の寄席それぞれの特徴、雰囲気、周辺の街並み、芸談などを綴る。全四巻。〈解説〉寺脇 研

B337
コブのない駱駝
―きたやまおさむ「心」の軌跡―
きたやまおさむ
ミュージシャン、作詞家、精神科医として活躍してきた著者の自伝。波乱に満ちた人生を自ら分析し、生きるヒントを説く。鴻上尚史氏との対談を収録。

2025. 2

岩波現代文庫［文芸］

B338-339
ハルコロ (1)(2)

石坂　啓漫画
本多勝一原作
萱野　茂監修

一人のアイヌ女性の生涯を軸に、日々の暮らしや祭り、誕生と死にまつわる文化など、アイヌの世界を生き生きと描く物語。〈解説〉本多勝一・萱野茂・中川裕

B340
ドストエフスキーとの旅 ―遍歴する魂の記録―

亀山郁夫

ドストエフスキーの「新訳」で名高い著者が、生涯にわたるドストエフスキーにまつわる体験を綴った自伝的エッセイ。〈解説〉野崎歓

B341
彼らの犯罪

樹村みのり

凄惨な強姦殺人、カルトの洗脳、家庭内暴力と息子殺し……。事件が照射する人間と社会の深淵を描いた短編漫画集。〈解説〉鈴木朋絵

B342
私の日本語雑記

中井久夫

精神科医、エッセイスト、翻訳家でもある著者の、言葉をめぐる多彩な経験を綴ったエッセイ集。独特な知的刺激に満ちた日本語論。〈解説〉小池昌代

B343
ほんとうのリーダーのみつけかた 増補版

梨木香歩

誰かの大きな声に流されることなく、自分自身で考え抜くために。選挙不正を告発した少女をめぐるエッセイを増補。〈解説〉若松英輔

岩波現代文庫[文芸]

B344
狡智の文化史
―人はなぜ騙すのか―
山本幸司

嘘、偽り、詐欺、謀略……。「狡智」という厄介な知のあり方と人間の本性との関わりについて、古今東西の史書・文学・神話・民話などを素材に考える。

B345
和の思想
―日本人の創造力―
長谷川　櫂

和とは、海を越えてもたらされる異なる文化を受容・選択し、この国にふさわしく作り替える創造的な力・運動体である。〈解説〉中村桂子

B346
アジアの孤児
呉　濁　流

植民統治下の台湾人が生きた矛盾と苦悩を克明に描き、戦後に日本語で発表された、台湾文学の古典的名作。〈解説〉山口　守

B347
小説家の四季
1988―2002
佐藤正午

小説家は、日々の暮らしのなかに、なにを見つめているのだろう――。佐世保発の「ライフワーク的エッセイ」、第1期を収録！

B348
小説家の四季
2007―2015
佐藤正午

『アンダーリポート』『身の上話』『鳩の撃退法』、そして……。名作を生む日々の暮らしを軽妙洒脱に綴る「文芸的身辺雑記」、第2期を収録！

2025.2

B349
増補 もうすぐやってくる尊皇攘夷思想のために
加藤典洋
幕末、戦前、そして現在。三度訪れるナショナリズムの起源としての尊皇攘夷思想に向き合うために。晩年の思索の増補決定版。〈解説〉野口良平

B350
大きな字で書くこと／僕の一〇〇〇と一つの夜
加藤典洋
批評家・加藤典洋が自らを回顧する連載を中心に、発病後も書き続けられた最後のことばたち。没後刊行された私家版の詩集と併録。〈解説〉荒川洋治

B351
母の発達・アケボノノ帯
笙野頼子
縮んで殺された母は五十音に分裂して再生した。母性神話の着ぐるみを脱いで喰らってウンコにした、一読必笑、最強のおかあさん小説が再来。幻の怪作「アケボノノ帯」併収。

B352
日没
桐野夏生
海崖に聳える〈作家収容所〉を舞台に極限の恐怖を描き、日本を震撼させた衝撃作。「その恐ろしさに、読むことを中断するのは絶対に不可能だ」（筒井康隆）。〈解説〉沼野充義

B353
新版 一陽来復
―中国古典に四季を味わう―
井波律子
巡りゆく季節を彩る花木や風物に、中国古典詩文の鮮やかな情景を重ねて、心伸びやかに生きようとする日常を綴った珠玉の随筆集。〈解説〉井波陵一

2025. 2

岩波現代文庫［文芸］

B354
未闘病記
―膠原病、「混合性結合組織病」の―
笙野頼子

芥川賞作家が十代から苦しんだ痛みと消耗は十万人に数人の難病だった。病と「同行二人」の半生を描く野間文芸賞受賞作の文庫化。講演録「膠原病を生き抜こう」を併せ収録。

B355
定本 批評メディア論
―戦前期日本の論壇と文壇―
大澤 聡

論壇／文壇とは何か。批評はいかにして可能か。日本の言論インフラの基本構造を膨大な資料から解析した注目の書が、大幅な改稿により「定本」として再生する。

B356
さだの辞書
さだまさし

「目が点になる」の『広辞苑 第五版』収録をご縁に27の三題噺で語る。温かな人柄、ユーモアにセンスが溢れ、多芸多才の秘密も見える。〈解説〉春風亭一之輔

B357-358
名誉と恍惚（上・下）
松浦寿輝

戦時下の上海で陰謀に巻き込まれ、すべてを失った日本人警官の数奇な人生。その悲哀を描く著者渾身の一三〇〇枚。谷崎潤一郎賞、ドゥマゴ文学賞受賞作。〈解説〉沢木耕太郎

B359
岸惠子自伝
―卵を割らなければ、オムレツは食べられない―
岸 惠子

女優として、作家・ジャーナリストとして、国や文化の軛〈くびき〉を越えて切り拓いていった、万華鏡のように煌〈きら〉めく稀有な人生の軌跡。

B360
かなりいいかげんな略歴
エッセイ・コレクションⅠ
―1984-1990―
佐藤正午

デビュー作『永遠の1/2』受賞記念エッセイである表題作、初の映画化をめぐる顚末記「映画が街にやってきた」など、瑞々しく親しみ溢れる初期作品を収録。

B361
佐世保で考えたこと
エッセイ・コレクションⅡ
―1991-1995―
佐藤正午

深刻な水不足に悩む街の様子を綴った表題作のほか、「ありのすさび」「セカンド・ダウン」など代表的な連載エッセイ群を収録。

B362
つまらないものですが。
エッセイ・コレクションⅢ
―1996-2015―
佐藤正午

『Y』から『鳩の撃退法』まで数々の傑作を著した壮年期の、軽妙にして温かな哀感漂うエッセイ群。文庫初収録の随筆・書評等を十四編収める。

B363
母の恋文
―谷川徹三・多喜子の手紙―
谷川俊太郎編

大正十年、多喜子は哲学を学ぶ徹三と出会い、手紙を通して愛を育む。両親の遺品から編んだ、珠玉の書簡集。〈寄稿〉内田也哉子。

B364
子どもの本の森へ
河合隼雄
長田弘

子どもの本の「名作」は、大人にとっても重要な意味がある！　稀代の心理学者と詩人が縦横無尽に語る、児童書・絵本の「名作」ガイドの決定版。〈解説〉河合俊雄

岩波現代文庫[文芸]

B365

司馬遼太郎の「跫音」

関川夏央

司馬遼太郎とは何者か。歴史小説家として、また文明批評家として、歴史と人間の物語をまなざす作家の本質が浮き彫りになる。

2025. 2